ちくま新書

ムダな仕事が多い職場

太田 肇
Ohta Hajime

JN259256

1283

ムダな仕事が多い職場【目次】

第3章 効率化を阻むもの 111

はじめに

電通の過労死事件をきっかけに、わが国の長時間労働がふたたびクローズアップされた。そして労働時間短縮やワークライフバランス（仕事と私生活の調和）推進を中心にすえた「働き方改革」が政策の看板に掲げられている。

たしかに日本人の労働時間は依然として長い。厚生労働省の「毎月勤労統計調査」によると二〇一六年における正社員の年間総実労働時間は二〇二四時間と主要国のなかで突出していて、ドイツやフランスなどに比べると年に三カ月程度多く働いている計算になる。三カ月というと、一年の四分の一だ。また有給休暇も、欧米ではほぼ一〇〇%近く取得されているのに対し、わが国では四八・七%（厚生労働省「就労条件総合調査」二〇一五年実績）と半分も取得されていない。

働く人の健康を守り、ゆとりある生活を送れるようにするには労働時間の短縮は喫緊の課題である。

しかし他の条件が同じなら、労働時間の短縮は生産性を下げる。そもそも現在でもわが国の労働生産性はけっして高くない。それどころか労働生産性も国際競争力も世界のなかでの順位が一九九〇年代に急降下し、現在も低空飛行を続けている。

こうした現状のもとで労働時間だけを無理やり欧米並みに短縮したら、企業も国もますます競争力を失い、グローバルな社会で生き残れなくなるのは目に見えている。「働き方改革」の熱が冷めたら、おそらく元の姿に戻ってしまうだろう。しかもこの先、少子化によって労働力人口はますます減少するので企業も国も活力が失われていく。内閣府の試算によれば、現状のままだと二〇四〇年にはマイナス成長になるという。

このような衰退のシナリオから脱却するには生産性を上げるしかない。

もちろん経営者も、エコノミストも、政治家もそのことはよくわかっている。現場では生産性向上に向けて懸命な努力がなされている。しかし、いまのところ劇的な効果をあげているとはいいがたい。

それが「働き方改革」の足取りを重くしている。労働時間にかぎってみても、時間外労働を月一〇〇時間に制限するかどうかをめぐって議論は紛糾したし、月に一度のプレミアムフライデーや週に一度のノー残業デーさえ実施できない企業が多いのが実態だ。

こうした事実は、現在の延長線上では労働時間と生産性のトレードオフ（二律背反）から抜け出すのは極めて困難なことを物語っている。

問題の核心はどこにあるのか？

一つは働く人が組織や集団から「未分化」で、一人ひとりの意欲と能力を十分に引き出せていないところにある。この点については拙著（太田 二〇一七）で詳しく述べた。

そして、もう一つが大きな「ムダ」の存在である。それは単に表面化したムダが多いというだけでなく、大きなムダが発生し、また排除されない組織の構造にこそ問題があるのだ。そこにメスを入れないかぎり、対症療法でいくら改善の努力を重ねても大きな成果はあがらないし、たとえ一時的にムダが減ったように見えても、しばらくたつと元へ戻るに違いない。

大事なのはムダが増殖する原因は何かを理解し、ムダが生じにくい、生じても排除されるような仕組みに変えていくことだ。すなわち組織の、さらには組織を取り巻く社会の構造改革が必要なのである。

私たちが消費者や住民として、組織の一員として実感しているおびただしいムダ。その原因を突き詰めていくと、わが国特有の問題に突き当たる。その根本原因にまでたどり着いてはじめて、持続的で実効性のある対策を打ち出せる。

それでは、大きなムダがどこに、どのような原因によって発生しているかを説明するところからはじめよう。

第１章
ムダな仕事が多い日本の職場

1　時間あたり生産性は欧米の三分の二

†「働き方改革」のカギは生産性向上に

いまわが国で最大の政策課題は「働き方改革」だといってもよい。そのなかで最も関心を集めているのが労働時間短縮である。

そこで議論の前提として、わが国の労働時間がどれだけ長いかを簡単に見ておこう。二〇一四年における日本人の平均年間総実労働時間は一七二九時間である。この数字はドイツ（一三七一時間）、フランス（一四七三時間）などと比べると二五〇〜三五〇時間ほど長いが、アメリカ（一七八九時間）やイタリア（一七三四時間）よりは短い（OECD Database による)。

しかし、これにはパートタイマーやアルバイトなどの非正規従業員も含まれていることを見逃してはいけない。いうまでもなくパートタイマーやアルバイトの労働時間は短い。

図表1－1　年間総実労働時間（一般労働者）

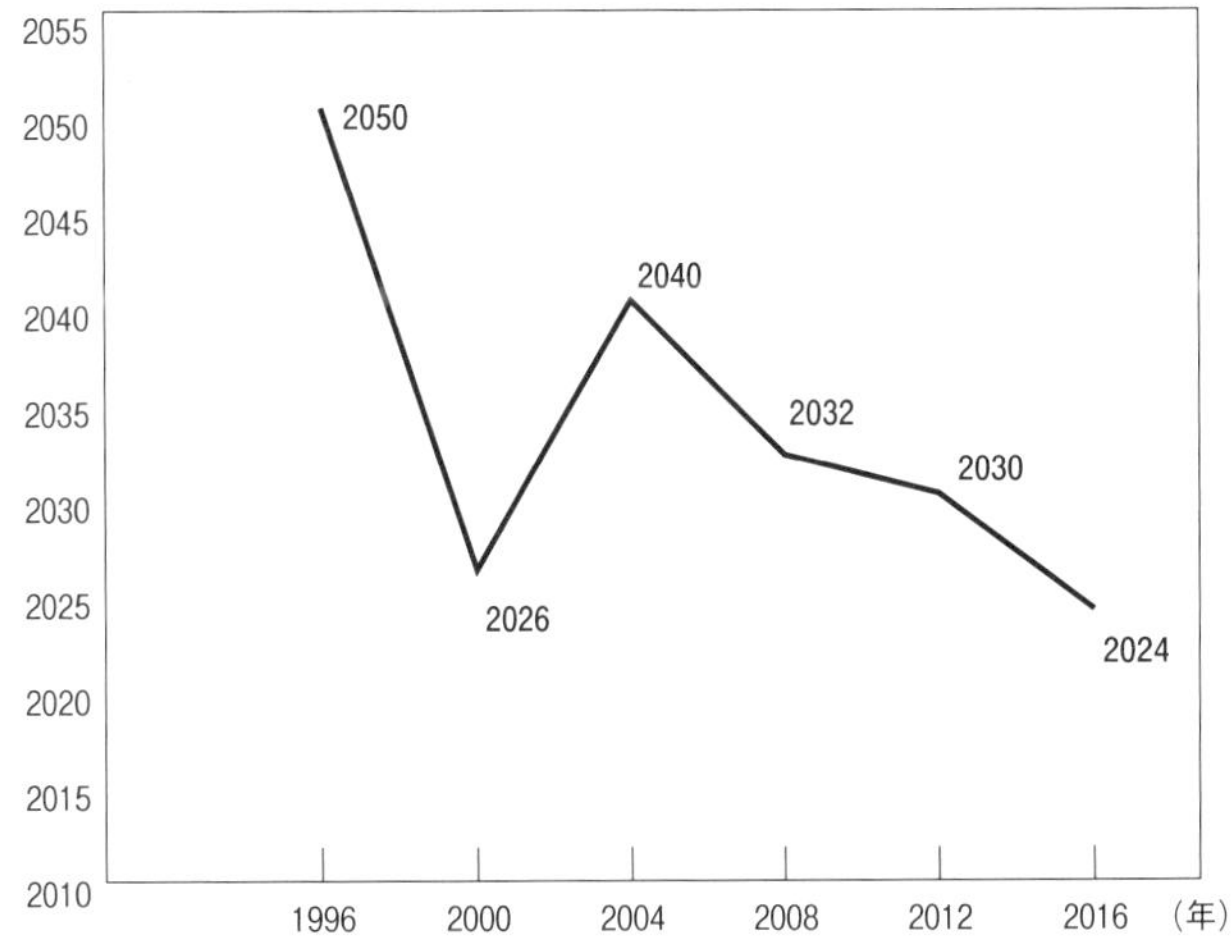

出所：厚生労働省「毎月勤労統計調査」をもとに作成

そして、わが国では非正規従業員の比率が高く、三分の一以上（三七・七％）を占めている（総務省「労働力調査」二〇一六年一〇〜一二月期）。そこで非正規従業員を除き、一般労働者だけをみると二〇二四時間にはね上がる（図表1－1）。しかも若干の減少傾向はうかがえるが、それほど大きく変化していない。さらに統計にあらわれないサービス残業が多く存在することも周知の事実であり、正確な数字はわからないものの労働政策研究・研修機構の分析によれば、非管理職では平均して月に一三・二時間「ただ働き」している。

要するに正社員だけを比較すると、先進国のなかでわが国の労働時間は突出して長い状態が続いているのである。

では、それだけ長時間働いて生産性はあがっているのか？

日本生産性本部の資料に基づき、わが国の経済的な豊かさ、ならびに労働生産性を他国と比較してみよう。なお経済的な豊かさは国民一人あたりのGDP（国内総生産）によって、労働生産性は就業者一人あたりのGDPであらわす。

†九〇年代に日本の順位が急落

まず国民一人あたりのGDPをみると、一九九四年にはOECD（経済協力開発機構）加盟国のなかで一〇位（九三年は六位）だったが、九〇年代後半に順位が急落し、その後は一七〜二〇位あたりで推移している（図表1－2）。

労働生産性についても、一九九〇年の一六位から九〇年代の終わりにかけて順位が低下し、ほぼ二二位で推移している。また九二年以降、主要先進七カ国のなかでは最下位が続いており、七カ国のなかで最も高いアメリカに比べると六割強である。しかもその差は拡大傾向にある。

図表１－２　国民１人あたりＧＤＰの順位（OECD 加盟国内）

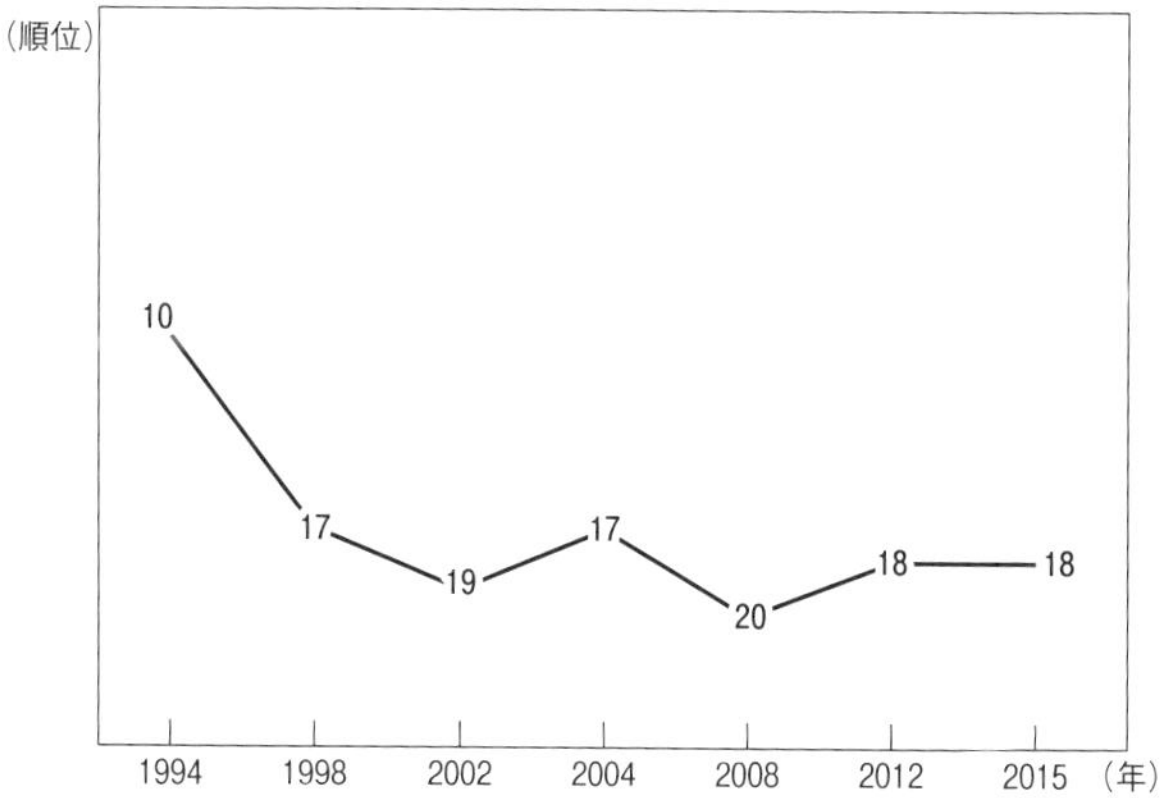

出所：日本生産性本部のデータをもとに作成

図表１－３　主要７カ国の時間あたり労働生産性（2015年）

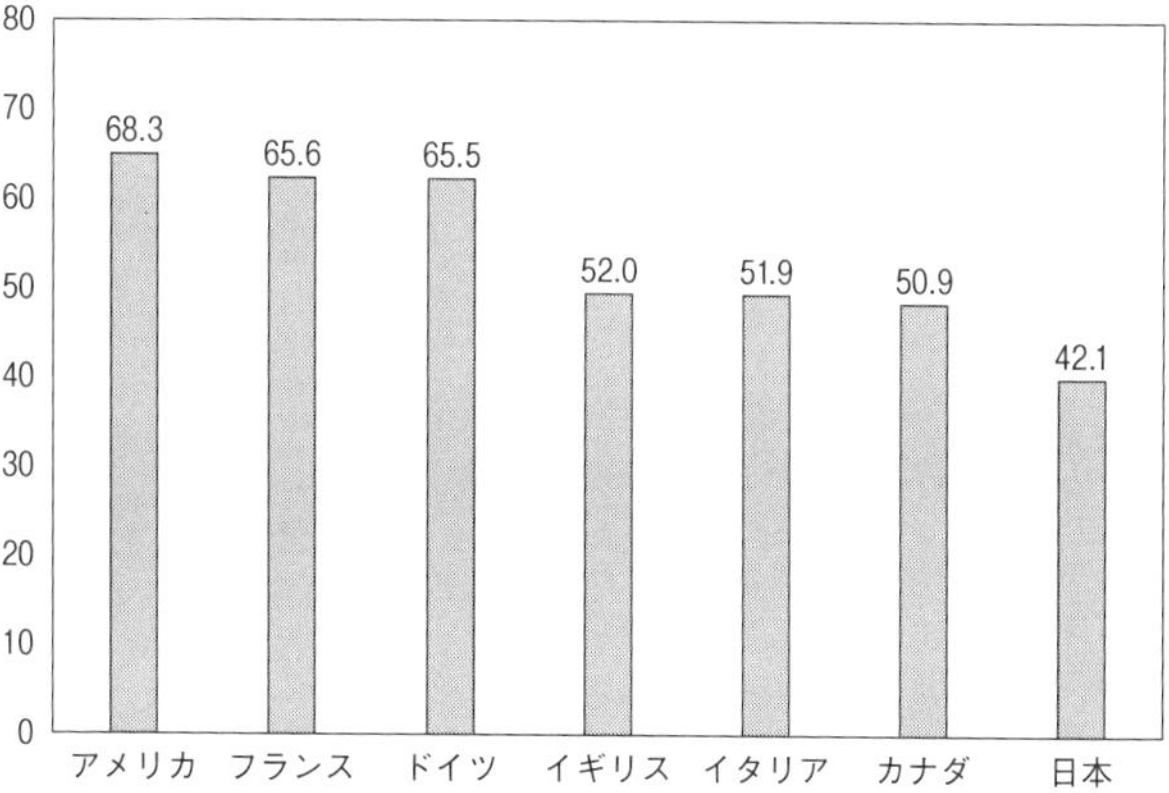

出所：日本生産性本部のデータをもとに作成

ちなみにアメリカの調査機関コンファレンス・ボードとコンサルタント会社のマーサーは、アジア一一カ国について従業員一人あたりの労働生産性の伸び率を調査しているが、一九九七〜二〇〇七年、二〇〇八〜一六年のいずれもわが国が最も低い。アジアのなかでの地位も、相対的に低下していることをあらわしている。

つぎに働き方の効率性をみるため時間あたり労働生産性に注目すると、一九九〇年以降、一九〜二一位で大きな変化はない。そして主要先進七カ国のなかでの順位も最下位が続いている。わが国の時間あたり労働生産性を七カ国中最も高いアメリカと比較すると、こちらも六割強であり、その差は開く傾向にある。またフランス、ドイツなどと比べても、ほぼ三分の二の水準にとどまっている（図表1-3）。

こうしてみるとわが国の労働生産性は、就業者あたりでも、時間あたりでも先進国のなかでは最も低い水準にあり、なおかつ最も高いアメリカとの比較でも、OECD加盟国のなかでの順位にしても、低下傾向が続いていることがわかる。

わが国では労働時間短縮こそ「働き方改革」の本丸と位置づけられているが、このように労働生産性が比較的低い状態のもとで労働時間を他の先進国並みに引き下げたら、GDPはいっそう低下する。そして企業は国際競争のなかで生き残れず、社員の給与を大幅に引き下げないかぎり経営が成り立たなくなる。

もっとも生産性の国際比較に際しては注意が必要である。生産性を上下させる多様な要因が絡んでいるうえに、統計上の問題もあるからだ。たとえばOECD加盟国のなかで労働生産性が最も高いアイルランドは税制や企業優遇策により、多くのグローバル企業が生みだした付加価値や知的財産権を会計上アイルランドに移している。それがGDPに反映されているわけである。また経済状況が悪化しているギリシャやスペインの労働生産性が日本を上回っているのは、失業率が高く、就業者が減少していることが数値を押し上げていると考えられる（いずれも日本生産性本部の分析）。

たしかに、これらの要因によってわが国の労働生産性の順位が多少低めにあらわれている可能性は否定できない。

しかし、それらを割り引いてもアメリカやドイツなどの欧米主要国と比較してわが国の労働生産性が低いのは明らかであるし、一九九〇年代以降、国際的な順位が低下傾向にあることも事実として受け止めなければならない。

†ホワイトカラーの生産性が低い、もう一つの理由

わが国では、とりわけホワイトカラーの生産性が低いことが指摘されている。ホワイトカラーの仕事の多くは直接生産性を測定するのが困難だが、業種による傾向をみることである程度は推し量ることができる。

日本生産性本部では、日本とアメリカの労働生産性を産業別に比較分析している。その結果を見ると、わが国は化学、機械ではアメリカの水準を上回り、輸送機械、建設などでもアメリカの八割以上と遜色がない。一方、金融、運輸、卸・小売、飲食・宿泊などサービス産業ではアメリカの三、四割台と大きく水をあけられている（図表1－4）。

一般に製造業や建設業の生産性は、製品の品質、技術水準、生産工程の自動化などに大きく依存する。それに対してサービス産業は機械化、自動化による生産性向上に限界があり、どうしても人間の労働に頼らざるをえない。そのため労働者の意欲と能力といった人的要素に加え、仕事の内容や働き方などに生産性が直接左右されやすい。そして、そこではホワイトカラーが大きな比率を占めているうえ、彼らは管理職、専門職として生産性に大きな影響を及ぼしている。

図表1－4　日米の産業別生産性（1時間あたり付加価値）と付加価値シェア

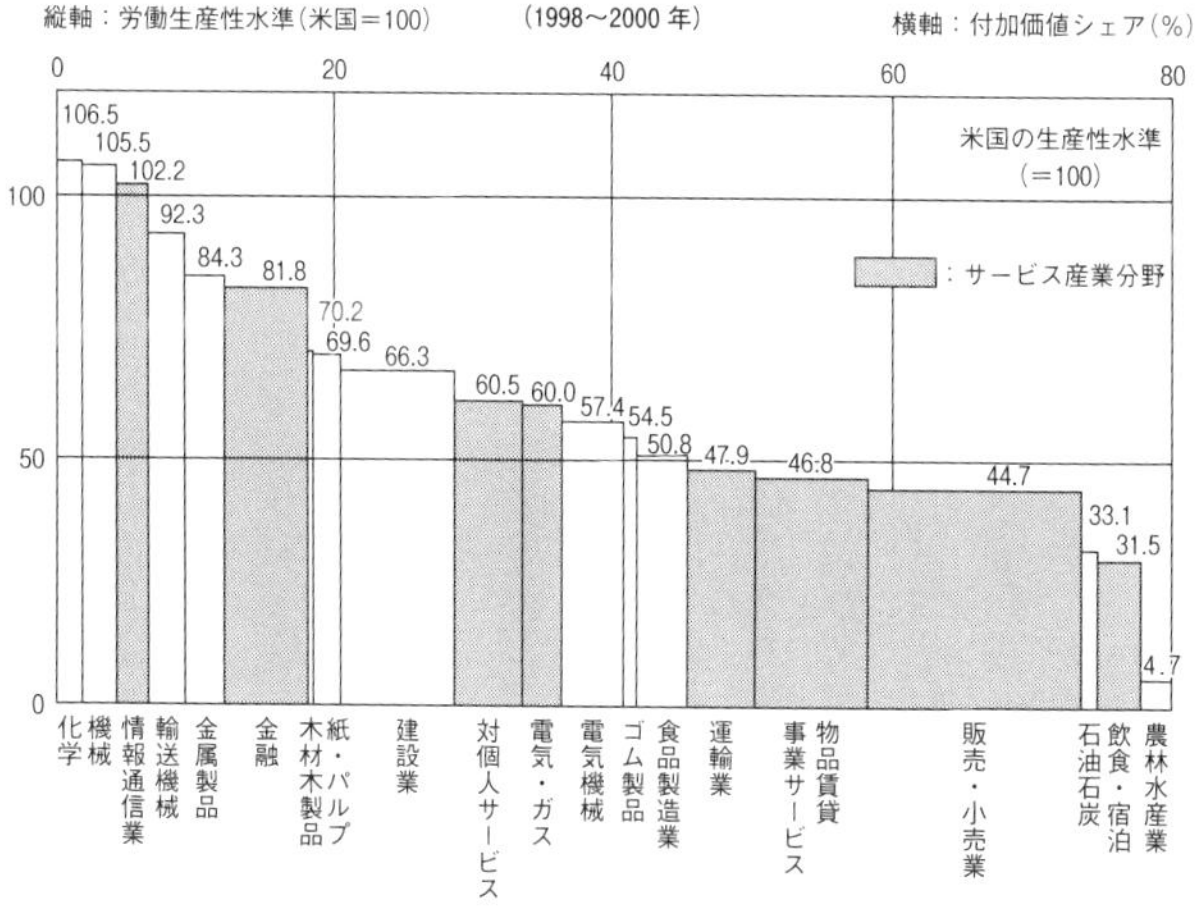

※製造業全体：66.4/ サービス産業(第三次産業)：50.8

出所：日本生産性本部（一部修正）

したがって、サービス産業の労働生産性がこれほど低いということは、働く人の意欲や能力、ならびに仕事の内容や働き方に大きな問題があることを意味する。しかも、それはサービス産業以外にも大なり小なり当てはまるはずだ。なぜなら、製造業や建設業にも当然ながら組織・職場があり、そこで多くの人たちが働いているからである。サービス産業は、日本企業全体に通底する問題点をより純粋な形であらわしているにすぎないのである。

このうち意欲や能力に関する問

題点については、拙著（太田 二〇一七）において、高業績、ブレークスルー、イノベーションにつながるような社員の意欲と能力を引き出す仕組みが欠落していることを指摘した。

そして後者、すなわち仕事の内容や働き方の大きな問題点は、広い意味での「ムダ」が多いことである。

「広い意味での」とは、どういう意味か？

それは、ムダをなくすための努力が長期的に、また視野を広げてみると大きなムダをもたらしているケースも少なくないということである。

たとえば企業の生産現場では、ムダを排除して効率化を図るため、たゆまぬ改善活動を続けてきた。それが着実に成果をあげてきたことは明らかだ。しかし、改善活動に頼りすぎるあまりに、イノベーションやブレークスルーの機会を奪っている場合がある。また節電のため、電力会社ではオフィスや廊下の照明を落とし、役所では真夏でも冷房をつけずに薄明かりのなかで残業をしているところがある。顧客や市民向けのパフォーマンスかもしれないが、仕事の生産性を考えればむしろマイナスになっている可能性が高い。さらに、快適とはいいがたい環境が働く人モラール（士気）や満足度にどんな影響を及ぼしているかというところまで考えたら、けっして効率的ではないはずだ。

このように小さな節約や効率化が大きなムダを生んでいるケースが多いのが、近年とくに顕著なわが国の特徴である。

最初に断っておきたい。本書の目的は、ムダそのものを指摘することではなく、ムダを生む構造、ムダの増殖に歯止めが掛からない原因に迫るところにある。したがって、以下で述べるようなムダ、非効率の多くは人々がすでに気づいていたり、だれかに指摘されていたりするものであり、必ずしも目新しさはないかもしれない。しかし、それぞれの事例には背後に横たわる重要な問題が象徴的にあらわれている。その意味を理解してもらうため、いくつかの「ムダ」、非効率の例を取りあげよう。

2 「おもてなし」の勘違い

†「おもてなし」とは何か

日本社会でムダなものは何かと問われたら、近年なら「過剰なサービス」を多くの人があげるだろう。

きめ細かな心配りや行き届いたサービスは日本人、日本社会が誇るべき特長である。それは長年の歴史によって培われた文化に根ざすものであり、他国の人々がまねようとしても一朝一夕にできるわけではない。

その象徴ともいえる言葉が「おもてなし」である。周知のように二〇二〇年の東京オリンピック招致のプレゼンテーションで、タレントの滝川クリステルが発したこの言葉は一三年の流行語大賞にも選ばれた。

それをきっかけに多くの日本人、そしてサービス産業に携わる人たちは細やかな心配り、行き届いたサービスの価値を再認識した。ところが少し冷めた目で見ると、それをきっかけに言葉だけが独り歩きし、「おもてなし」の価値を逆に下げてしまっているように感じられる。

東京五輪の開催が決まってから、文字どおり官民一丸となって「おもてなし」で観光・サービス業を振興し、経済を活性化させようという気運が盛り上がった。各地の旅館やホテルは「おもてなし」を看板に掲げ、有名観光地はもちろん、これを機に地域興しを——ともくろむ地方の町までが「おもてなし」キャンペーンに加わってきた。

このいわば「便乗商法」に鼻白む思いをしている人は少なくないはずである。その理由を俳人の長谷川櫂は明快に述べている。「もてなし」とは客にお茶やお菓子、酒、料理などを出して歓迎することだが、「これがおもてなしですよ」とこれ見よがしに口に出していう言葉ではなく、口に出したとたん「もてなし」ではなくなるのだ、と（二〇一六年九月二九日NHK〈視点・論点〉「もてなしの極意」）。

「おもてなし」は本来、心のこもったサービスであるはずだ。しかし、心は見えないのでお座なりになりやすい。そして、その心を欠いた表層的なサービスが横行する。

†止まらぬ過剰サービス

個人的な体験で恐縮だが、以前、ヨーロッパの航空会社が運航する飛行機に乗ったとき、それを象徴するような出来事があった。

私の座席はエコノミークラスで、正面に向かい合う形で客室乗務員の席があった。時差調整のため睡眠を取ろうとしたが、話し声がうるさくて眠れない。目を開けて見るとアジア系の男性客が空いていた乗務員用の席に座り、私の隣の友人らしき人物と大声で談笑している。隣にいる私はたまったものではない。それが延々と数時間も続いた。

ようやく日本人の乗務員が自席に戻ってきたのでホッとしたのも束の間、なんと彼女は自席を占領している客に笑顔で飲み物を提供し、自分は引き返してしまったではないか。あっけにとられていると、しばらくしてこんどはヨーロッパ人の女性乗務員がやってきた。そして、占領している客を厳しい口調で"Stay your seat!"と一喝し、彼を自席に戻した。私が彼女を頼もしく思ったのはいうまでもない。

皮肉なことに、離陸直後の機内では「この飛行機には日本人の客室乗務員も搭乗しており、心のこもったサービスをいたします」というアナウンスが流れていた。それだけに、心のこもったサービスとはなんだろうかとしばらく考え込んだものだ。

このように本質を見失った表層だけのサービスがいたる所で見られる。本書の文脈上、私が注目したいのは、それが顧客のほんとうのニーズや社会的な必要性とは無関係に「暴走」し、歯止めが掛からないことである。

また、コストに見合った利益が得られないにもかかわらず過剰なサービスが提供されるケースもある。コンビニやファストフードの店舗では、ほとんど客が来ない深夜でも店を開けている。人件費や光熱費などを考えたら二四時間営業など採算が取れないのは明らかでも、「便利さ」を看板に掲げている以上、なかなかやめることができない。

もちろん、それは狭義のサービスにかぎった話ではない。

ヨーロッパで買い物をすると大型の電化製品でも包装してくれないし、包装してくれるように頼めば別料金を取られる。それに対して日本では百貨店で買い物をすると頼まなくても商品をていねいに包装し、雨の日などは二重の手提げ袋まで用意してくれる。行き届いたサービスには違いないが、人件費を含む経費と資源、それに時間の面でもムダが発生していることはたしかだ。

ちなみに内閣府が二〇一四年に行った「循環型社会形成に関する世論調査」によると、

「通信販売での二重以上の包装、大きな包装」「宿泊施設での歯ブラシ等の使い捨て製品の使用」については、それぞれ六五・九％、三五・九％の人がムダだと思うと答えている。

†過剰サービスのムダは数兆円！

前節では国際比較するとわが国の労働生産性の順位が低下していること、とりわけサービス業の生産性が低いことを指摘したが、働き方や職場に問題があるだけでなく、過剰なサービスも原因の一つであることは間違いなかろう。

過剰サービスのもう一つの代表例が宅配便である。核家族化や共働きの増加により、昼間は留守にする家庭が増えた。そのニーズに応えるべく、宅配業者は留守家庭への再配達をするのが普通になった。すると当然、余分なコストが発生する。国土交通省は二〇一五年に、宅配の再配達がもたらす社会的損失について試算した結果を発表した。それによるとトラックドライバーの約一割、約九万人分に相当する労働力が再配達に費やされているという。

商品のアフターサービスや通信販売などを担当する、コールセンターの仕事も過剰サービスの典型である。わが国では顧客サービスを最優先するため、どうしても長時間もしくは必要性が乏しい電話への応対が多くなり、ときにはオペレーターが業務と無関係な身の上相談やうっぷん晴らしなどにもつき合わされる。

コールセンターが一気に広まったのはフリーダイヤルサービスが始まった一九八五年で、労働人口は五〇〜六〇万人とも、九〇〜一〇〇万人ともいわれている（仲村和代　二〇一五）。かりに労働時間の一割が過剰な応対時間だとしたら、宅配便の再配達と同程度の労働力が「浪費」されている計算になる。だとすると、両業界の人件費だけでムダの総額は年間数千億円にのぼり、全業種ではおそらく数兆円規模になるだろう。

過剰サービスが、人材育成の効果を台無しにしているという趣旨の指摘もある。わが国では就業者の高学歴化で人材の質が向上し、ＯＥＣＤの国際成人力調査では日本が世界の最上位にある。しかし、せっかくの質の高い労働力が、「価格（さらには報酬）に転嫁されない、他の先進国以上に行き届いたサービスを消費者が受け取ることで使い果たされている」というのである（苅谷剛彦　二〇一七年一月二〇日付「日本経済新聞」「経済教室」）。

そうだとしたら、いくら学校教育や人材育成に力を入れ、労働力の質を高めても過剰サービスに歯止めを掛けないかぎり経済的には無意味だということになる。

そもそも過剰サービスに歯止めが掛からないのは、ライバル社より少しでも便利に早く、他社より一円でも安くというように、同一次元で競争しているからである。同一次元上で競争するかぎり、それは極限までエスカレートする。企業はいったん事業を始めると簡単に従業員を解雇できないし、店舗その他への投資も回収しなければならない。したがって利益が少なくなったからといって簡単に事業から撤退するわけにはいかない。競争のなかで生き残るため、たとえ利益は少なくとも、また社会的にはムダだとわかっていても過剰サービスを続けざるをえないのである。

実際、日本企業は業界での順位や市場占有率を重視する一方、ROE（自己資本利益率）は欧米企業に比べて顕著に低いことが指摘されている。経済産業省の報告書（いわゆる「伊藤レポート」）によれば二〇一二年時点でのROEはアメリカ企業の二二・六％、ヨーロッパ企業の一五・〇％に対して日本企業は五・三％と、米欧それぞれの四分の一ないし三分の一にすぎない。そこには、利益を生まない仕事にムダなコストをかける効率の悪さが幾分なりとも作用しているのだろう。

3 「神様」扱いのツケ

†同一次元での競争は利益を生まない

客の立場からすると、まったく同じ商品なら一円でも安いほうを買いたいし、価格が同じなら一時間でも早く配達してほしい。そして、よりていねいに対応してもらいたい。そう思うのは当然である。そのため企業としては採算が合わなくなるギリギリまで、場合によっては他で稼いだ利益で赤字を埋め合わせてでも競争せざるをえない。したがって、同一次元で競争しているかぎり大きな利益はあがらないし、社会的なムダが発生する。

このような過当競争は自由競争、市場原理がもたらすものである。つまり企業間の競争が激しくなりすぎると企業も労働者も疲弊する一方、利益はあがらず、社会的なムダも増える。グローバル化によっていっそうそれに拍車がかかっている。このように考える人は少なくない。

しかし、はたしてそうだろうか？

注意してほしいのは価格競争にしても、営業時間や配達時間の競争にしても、単一次元での競争は、苛烈だが限定された範囲での競争だということである。市場が閉鎖的で特定の企業がライバルとして争っていると、このような競争が起きやすい。

一方、市場に対して完全に開かれた競争なら、まったく新しい業界や海外から企業が参入してくる。そして新たなビジネスモデルも入ってくるし、代替商品も登場する。競争が多次元になるのだ。

たとえば、いつまでも牛丼が一〇円安いかどうか、宅配便が時間単位で指定できるかどうかでギリギリまで競争するようなことはしない。もっと魅力的な商品・サービスで消費者を引きつけ、大きな利益をあげようとするだろう。

裏を返せば、オープンな市場で自由な競争が行われていたら経営環境の変化が激しくなり、同一次元上でチマチマした節約や改善を重ねているだけでは生き残れない。そのため企業は大幅な利益アップにつながるようなイノベーションを図ったり、ブレークスルーを探し求めたりする。もし、それが困難だとわかれば利益の薄い市場から撤退するだろう。いや、撤退せざるをえない。とくに株主からの圧力が強い欧米企業は、利益のあがらなくなった市場でいつまでも営業を続けることは許されないのである。

つまり、利益が薄いにもかかわらず企業も個人も疲弊させ、社会的なムダを発生させる過剰サービスは自由競争が招いたものというより、むしろ競争が中途半端だから起きているのである。

客に媚びる姿勢がモンスターを生む

そして、一円でも安く、一分でも早くという同一次元上の競争は、ある面において短期勝負になる。消費者の選択基準が単純なので、長期的に消費者に認めてもらうとか、長い目で見て会社の利益につながるといった視点が入り込む余地はない。この「短期勝負」が客に媚びる姿勢を生む。とにかく客の機嫌を取り、購入してもらわなければならないからである。

「お客様は神様」というフレーズは、こうした企業の立場とうまくフィットした。周知のとおり、この言葉は半世紀ほど前に歌手の三波春夫が自らの心構えを語ったものである。

また見識ある経営者は、客の本音のなかに製品開発やビジネスのヒントが含まれているという意味で「お客様は神様」だと述べた。

神様だから客のほうが偉いとか、客の言いなりになれという意味ではまったくなかったのである。

ところが言葉は独り歩きする。顧客サービスに関わる企業の多くが「お客様は神様である」という顧客第一主義をスローガンに掲げ、客の要求を無批判に受け入れ、客におもねるようになった。

ちなみに顧客重視という点ではむしろアメリカが先進的だが、アメリカでは顧客満足(Customer Satisfaction)を高めるには、その主体である従業員の満足(Employee Satisfaction)をまず高める必要があるという考え方が近年広がっている。わが国のように従業員の満足を後回しにして、さらには従業員を犠牲にして顧客にサービスせよという考え方は受け入れられないのである。

わが国のように客を「神様」として持ち上げ、その要求を無批判に受け入れていると、客の要求はどこまでもエスカレートする。過剰なサービス、明らかなムダであってもいったん客の要求を受け入れると、それが新たな基準になる。そして理不尽な要求や無理難題を強引に突きつけてくるクレーマー、モンスターもあらわれる。

†そして、モンスターが膨大な社会的ムダを生む

店員に向かって恫喝したり暴言を吐いたりするのは序の口で、数年前には量販店で商品に言いがかりをつけて店員に土下座を強要した客が逮捕され、スーパーでは店員の接客態度に腹を立てた客が商品を脅し取ったとして逮捕されるといった事件が相次いだ。また日本民営鉄道協会によると、二〇一五年の一年間に鉄道の駅や車内で駅員・乗務員に対する暴力行為が七九二件も起きている。

これらは単なるクレーマー、モンスターの暴走というより、客と従業員の間にゆがんだ上下関係ができてしまい、それが背景にあって引き起こされた事件だといえよう。

さらに近年は、ちょっとした落ち度でも顧客がツイッターなどで不満を述べるとそれが一気に拡散されるようになった。

人気商品の「ペヤングソースやきそば」にゴキブリが混入していたとしてネットに投稿された「まるか食品」は当初、同じラインで生産されていた商品二種類の自主回収のみを発表したが、「食の安全への認識が甘い」という非難が全国から殺到し、全商品の自主回収と生産販売中止に追い込まれた（二〇一五年一月八日付「産経新聞」）。この商品は後に生

産を再開したが、再発防止のために要した費用は一〇億円以上にのぼり、中小企業としてはかなりの負担だった。

このように対応を誤ってブランドイメージが傷つくのを恐れた企業は、先手を打って大がかりな商品回収を行うようになった。

マルハニチロは二〇一六年、さんまの蒲焼きの缶詰に金網が入っていたことが発覚し、三〇〇〇万個弱の商品を自主回収した。また製造工程で機械の破損によりプラスチック部品の一部や繊維が混入している可能性が否定できないという理由で、大量の商品を自主回収した例もある。

企業のリスク対策としてはやむをえないかもしれないが、それにともなう社会的なムダ、コストは膨大である。

†「私僕」化する公務員

クライアント（顧客）との力関係から、過剰ともいえる対応を強いられるのは企業だけではない。

先日、私が仕事で某市役所を訪ねた際、たまたま職員が住民への対応に追われている最中であると告げられた。ある住民が職員の対応に腹を立て、電話で「犬の鳴きまねをしろ」と言ってきた。職員が鳴きまねをしたところ、「なっていない」と言い、納得しないのだという。実にばかげた話である。

事の詳細を聞いていないが、少なくともこの部分だけを取りあげるなら、ふざけた要求をする住民も問題だが、まともに相手にする職員のほうにいっそう大きな問題がありそうだ。

これは極端な例だが、住民の理不尽な要求や長時間にわたるクレームに毅然とした態度を取らず、業務に支障を来しているケースは少なくない。これも誤った住民第一主義や「公僕」の取り違えが招いた結果である。いうまでもなく「公僕」としての公務員は「全体の奉仕者」であり、特定住民への奉仕者ではない。にもかかわらず、実際には一部の人のために全体への奉仕が犠牲になっているケースが少なくないのである。

教育や保育の現場、それに病院なども同様だ。小中学校では教育の専門職であるはずの教師が、まるで「学校のお父さん・お母さん」であるかのように児童・生徒の面倒を見ることが半ば当然のようになっている。病院では「患者様」と呼ばれて勘違いし、看護師を「お手伝いさん」扱いする患者が増えてきたそうである。

いずれのケースでも、特定のクライアントに対して過剰なサービスをすることで多大な時間と労力を浪費し、本来の仕事にしわ寄せが及んでいることはたしかである。しかも、それは本来のサービスや顧客第一主義とは無縁なものである。

†しわ寄せは従業員、下請けに

当然ながら過剰サービスでムダが生じると、どこかにしわ寄せがいく。それは、より弱いところへ向かい、タテに序列化されたわが国では下へ、下へと及ぶ。

製造業などでは大企業を頂点に下請け、その下請け（孫請け）、そのまた下請けというようにピラミッド型の系列が形成されており、価格競争のバッファーとして下請け企業が利用され、仕入れ価格をギリギリまで引き下げられるケースがある。また元請け企業が顧客の要求に応えるため下請け企業に対して無理な納期を要求し、下請け企業の従業員が長時間残業や土日出勤を強いられるケースも少なくない。

つぎに弱いところは非正規従業員やアウトソース先であり、何かあればそこへしわ寄せが及ぶ場合が多い。

経営が悪化すると、まず契約が解除されたり解雇されたりするのは、派遣社員や雇用の保障がないパートタイマー、アルバイトといった非正社員である。コールセンターでは、客から「最初に出たオペレーターの対応がひどかった」と言われれば「やめさせます」と対応され、実際にやめさせられてしまう人たちもいるそうだ（前掲、仲村　二〇一五）。

雇用が保障されている正社員でさえ、必ずしも強い立場にいるとはかぎらない。新卒採用が中心で中途採用が少ないわが国では転職の機会そのものが少ないし、たとえ転職できたとしても待遇が極端にダウンするケースが多い。そのため社員が簡単に辞めないのをよいことに、顧客からの圧力が従業員に直接転嫁される場合もある。客には土下座してわびる経営者や店長が、従業員にはパワハラまがいにふるまうといった歪んだ現象も発生している。

顧客との関係でも、組織のなかでも、このように極端な上下関係が支配するのはわが国の特徴といえる。少なくとも他の先進国ではめったに見られない現象である。

実際に欧米はもちろん中国や東南アジアでも、売り主と買い主とは商品やサービスと金銭を交換する対等な関係であり、客に「買ってもらう」という観念はない。客がちょっと無理な要求をすると、店員は平気で「あなたは私の客ではない」と言い放つ。社内でも上司と部下は「役割」上の関係であり、上司が「偉い」といった感覚はない。

†「上から目線」が一転、「下から目線」に

組織のなかの関係は次節以下で述べるとして、ここでは顧客との関係に注目してみよう。興味深いのは官民を問わず、この二〇～三〇年ほどの間に顧客との上下関係が逆転したことだ。

かつて「官尊民卑」の思想が残っていた時代には、国の機関はもちろん、県庁や市役所、それに警察などでも市民に対して「上から目線」で接し、ときには居丈高にふるまう職員が少なくなかった。それが市民サービスの向上や住民第一主義が唱えられるようになってから一転し、市民の「僕《しもべ》」として接する態度に変わった。とくに今世紀に入るころからいわゆるポピュリズム型首長が各地に続々と誕生し、市民に対して下手《したて》に出る傾向がいっそう顕著になり、ときには市民に迎合する姿勢さえ見られるようになった。

旧国鉄もまた、かつて政府によって運営されていた時代の名残から、客を「乗せてやっている」という態度が垣間見られた。ところが三〇年前に民営化され、JRになってから少なくとも表面的には「お客様第一」の姿勢を取るようになった。車輛へ入る際には帽子を取って深々とお辞儀をし、改札で「ありがとうございました」と挨拶する姿は、おそら

く他の国では見られない光景ではないか。もっとも、それがほんとうの意味で客にとって価値のあるサービスかどうかは別だが。

このように、公的機関もまた「顧客第一」の掛け声とともに、顧客との関係が逆転した。いわゆる「上から目線」が「対等」を通り越し、一気に「下から目線」に変化したのである。顧客の側も従来の「お上《かみ》」扱いする態度を捨てたとたん、「僕」扱いして当然という態度を取るようになった。役所に対するクレーマーには元公務員が多いといわれるが、これも「対等」という概念が欠如していることを物語っているようだ。

†なぜ、「対等」な関係が築けないのか

では、なぜわが国では「対等」な関係でサービスができないのか？

中根千枝（一九六七）がいうように「タテ社会」だからという見方もできるだろう。わが国ではタテの序列意識が強く、あらゆる人間関係を序列のなかに組み込もうとする。顧客との関係にも、序列を持ち込んでしまうわけである。

しかし、少し違った見方もできるのではないか。それは、一言でいうならタテの関係は楽だからである。

タテの関係は上下が固定されているので、安定している。上下が固定されていると上位に立つ側は自分の要求を聞いてもらえるし、自尊心をくすぐられ、優越感を味わうこともできる。文字どおり「神様」である。一方、下位の側は常に苦しく、みじめかというと必ずしもそうではない。たしかに売り手に対しても、買い手に対しても下手《したて》に出ると屈辱感を味わう場合がある。しかし、いったんそれに慣れると、よほどのことがないかぎりいわれるままになっていればよい。それはある意味では楽だ。相手とタフな交渉をする余地がないので、葛藤やストレスも少ない。

逆にいうと、対等な取引や交渉には当事者としての覚悟と責任、主体的な行動が求められるので緊張感をともなう。したがって、できればそれを回避したい。少々無理な要求をされても逆らわず、マニュアルどおりの「おもてなし」をしておけばストレスを感じることもないのである。

それが知らず知らずのうちに独特の業界用語や表現方法をつくり出す。

私たちがコンビニで買い物をし、ファストフードで飲食をしてレジで代金を支払うとき、店員は「○○円ください」とはいわず、「○○円になります」という。また満員電車に乗ると、乗務員は自分で扉を開閉しているにもかかわらず、「扉を閉めます」とはいわないで、「扉が閉まります」という。そこには当事者責任を負いたくないという心理が無意識に働いていると考えられる。負担の大きい感情労働を避けているともいえよう。

しかし、このような一方的上下関係は、「平等な市民」という理念に照らせば問題がある。個人の処世術としてはともかく、実際に「神様」「僕」扱いするのも、されるのも倫理的に望ましいとはいえない。そしてモンスターの突きつける無理難題が象徴するように、一方的な上下関係は過剰なサービスを生み、大きなムダをもたらす。そして、そのツケは弱いところに回される。

4　歯止めなきマイクロマネジメント

†細かくなる一方の管理

こんどは組織のなかに目を移してみよう。

「廊下でちょっと私的な立ち話をしたら、上司に休暇届を出せといわれた」（男性公務員）。

「トイレに行く時間まで上司にチェックされているので息が詰まりそうだ」（女性社員）。「終業時刻はルーズなのに、始業は一分でも遅れたら遅刻扱いされるのは納得できない」（男性社員）。

アンケートや懇談会の場で述べられた現場の声からは、職場の管理がますます細かく、かつ厳しくなっている様子が伝わってくる。社内の喫煙室も休憩時間にしか利用させない会社が増えている。また、かつては大企業でも役所でも来客があったときにちょっと喫茶店に行くくらいは大目に見られていたが、それもいまは許されない。世知辛くなったものである。

仕事のプロセスに対する管理も細かい。

とくに近年は、どこの職場でもコンプライアンス（法令遵守）が声高に叫ばれ、仕事が煩雑になるとともに、プロセスの管理が厳しさを増している。顧客との面談や連絡一つでも書類に記録しなければならなくなったとか、メールにはすべて上司にCc.をつけさせられるという会社が増えている。ファックスを送るときは間違えないよう上司二人の立ち会いのもと、番号を読み上げながら送信するという銀行もある。その影響は海外の子会社にも及び、日本にある本部や事業部への報告業務に忙殺されているところもある。

現場で話を聞くと、管理職でさえ経営幹部から「言葉遣いがよくない」とか「会議資料の図表がわかりにくい」などと些細なことで注意を受けるケースが増えているようだ。企画や提案をしても上司がたびたび修正するので、部下は仕事の先を見すえた仕事がしづらくなっているともいわれる。

細かくなったのは仕事の管理だけではない。人事評価も細かくなる傾向にある。

二〇〇〇年前後に、多くの日本企業は競うようにして成果主義を取り入れた。その際、処遇の格差に対する納得感を高めるため、人事コンサルタント会社の指導のもとで「精緻」な人事評価制度を導入した。また国家公務員については二〇〇九年から人事評価が実施され、地方公務員についても二〇一五年から実施が義務づけられたが、そこでも民間企業に準拠した制度が取り入れられている。

企業や役所の評価制度に特徴的なのは、評価項目も評価のランクも細分化していることである。

伝統的に人事考課の内容は能力面、業績面、情意面の三つに分けられているが、能力面だけでも専門知識、論理的思考力、改革力、推理力、判断力、交渉力、表現力……というように多くの項目が並ぶ。そしてランキングもS・A・B・C・Dという五段階に分けられているのが普通だ。なかには、各ランクとも「S＋」「A＋」というように「＋」を加えて一〇段階で評価しているケースもある。

†自己目的化する人事評価

問題は、このように細かい評価がそもそもどれだけ正確に行えるかである。

まず人間の能力は複雑であり、しかも共通性や統合性をもっているので細かい要素に分解して評価するのは無理がある。そのため各要素の評価結果は似通ったものになりやすい。他の項目の評価に影響されるのを「ハロー効果」と呼ぶが、似通う理由はそれだけではないのである。

また人間の認知能力には限界があるので、細かくランクづけするのは難しい。たしかに一部の営業職や技術職のように一人ひとりの成果が数字としてあらわれる場合には、細かく正確な評価が可能かもしれない。しかし大半の仕事は複雑であるうえに、成果を定量化できない。したがってランクを細かくすればするほど確度が落ちる。

アリの世界からとった「二・六・二の法則」という有名な話がある。アリの世界ではよく働くアリが二割、働かないアリが二割いて、残りの六割は「可もなし不可もなし」だといわれる。会社のなかでも、さらに一つの職場でも、仕事がよくできる社員とできない社員が一定数いて、それはおおむね評価者の意見が一致する。ところが大多数を占める「可もなし不可もなし」の社員をさらに三段階、あるいはそれ以上に分けようとするとどうしても不正確になる。

その証拠に、評価した側は半年もたつとだれにどんな評価をつけたかはたいてい覚えていないものだ。しかし評価された側、とりわけ納得できる理由がなく低い評価をつけられた者はよく覚えていて、心のなかに不満がくすぶり続ける。それが仕事に対する意欲を低下させることも多い。

とりわけ日本の企業や役所では、職務分析や職務評価はほとんど行われず、個人の職務そのものがあいまいである。そのため評価の基準がはっきりしない。したがって評価が細かくなるほど不正確になり、評価者の好みや感情なども入りやすくなる。

そもそも評価にしても処遇にしても、明確な理由がある場合には差をつけ、理由がなければ差をつけないのが原則である。にもかかわらず制度があるからといって、それに当てはめるために差をつけるのは本末転倒である。しかも詳細な人事評価制度が取り入れられたことで、管理職の貴重な時間と労力が評価作業に割かれるようになった。

もっと大きな弊害は、評価される側への悪影響である。不正確な評価が部下のやる気をくじき、細かい評価が態度や行動を萎縮させる。何が評価に響くかわからないので上司に意見を言いにくいとか、自分の仕事がすんでも先に帰りにくいといった声も聞かれる。さらに部下が評価制度に過剰適応することで、要領はよいが型にはまった社員ばかりになるというような問題もある。

結局、大事なポイントは投入する時間・労力と発生する弊害を上回るだけの必要性やメリットがあるかどうかである。

ITやAIの普及により、インプットとアウトプットの関係が明確な仕事はつぎつぎと機械やコンピュータに取って代わられている。人間にいま求められるのは創造性、感性、勘、洞察力、判断力といった能力・資質であり、それらは肝心な部分が人間の頭のなかで働いているので外からは見えない。見えなければ評価もできない。態度や行動にあらわれた周辺部分を評価してもあまり意味はないのである。

それだけではない。市場やビジネスの変化が激しくなったいまの時代には、仕事内容やパフォーマンスも日々変化している。したがって年度のはじめに目標を立てて期末に評価するという従来の方法は時代に合わなくなっている。

ここに取りあげたのは、細かくなりすぎたマネジメントの一例にすぎない。注目すべき点は、これらの多くがマネジメントを合理化する一環として取り入れられたものだということである。なかにはムダの排除を目的としたものもある。ところがいったん取り入れられると、それ自体が目的化し独り歩きする（その理由については第3章で述べる）。そして皮肉なことに、それが大きなムダを生む原因になっているのだ。

†「マイクロ化」は世界の趨勢に逆行

仕事内容や社員に求められる能力や貢献、働き方などの変化により、細かく精緻なマネジメントはむしろ弊害のほうが大きくなってきている。そして日本企業にみられるマネジメントの「マイクロ化」は、世界の潮流にも逆行したものとなっている。

アメリカやヨーロッパなど先進国では、ホワイトカラーの場合、勤務時間などは一応決まっていても自分の役割を果たし、成果をあげているかぎり働く時間や場所は厳しく管理しない企業が増えている。アウトプットさえあげれば、仕事へのインプットや仕事のプロセスは本人の裁量に委ねているわけである。社員を「大人」扱いしているからだ、と公言する経営者もいる。

日本企業と欧米企業との間にみられる対照的なスタンスは、マネジメントの手法に対する考え方の違いにもあらわれている。

たとえば日本企業では入社した直後から「ホウ・レン・ソウ」、すなわち上司に対して常に報告、連絡、相談をするように指導される。ところが「ホウ・レン・ソウ」を徹底して求める管理職の指導は、欧米人の目からすると細かいところまで管理する「マイクロマネジメント」そのものに映り、しばしば嫌悪される。

また、仕事のマニュアルに対する考え方も異なる。

欧米や中国などでは、マニュアルはあくまでも作業者が参考にすべきものという認識であり、状況によって臨機応変に対応することが求められる。それに対してわが国ではマニュアルを絶対視し、厳格に守ることが要求される。さらにマニュアルに書かれていない部分まで推測し、それにしたがおうとする。マニュアルに対する欧米などとわが国との違いを「副読本」と「教科書」にたとえる人もいる。

人事評価についても、わが国ではより細かく、厳格になりつつあるのと対照的に、アメリカなどでは人事評価の比重をむしろ軽くしたり、評価制度そのものを廃止したりする動きが見られる。

ビジネスを通じて多くのアメリカ企業を観察してきた企業家の松丘啓司によると、アメリカでは二〇一二年頃から年次での人事評価を廃止する企業が増え続け、ギャップ、マイクロソフト、GEといった名だたる企業が廃止に踏み切っている。従来のパフォーマンスマネジメントが、個人や組織のパフォーマンス向上につながっていないと見なされはじめたからだという。一方では、社員に対し目標設定とフィードバックをリアルタイムで頻繁に繰り返すようになっていると述べている（松丘啓司　二〇一六）。

そもそも人事評価で細かくランクづけたり、給与や賞与にわずかな差をつけたりしない代わりに、優秀な人材を思いきって抜擢するというのが欧米型マネジメントの特徴である。先に紹介した欧米企業におけるマネジメントの趨勢と合わせて考えると、見えてくる大きな変化がある。それは組織による管理・評価というタテの関係が後景に退き、対等な契約によるヨコの関係という性格をいっそう強めつつあるということだ。抽象化すれば、組織から市場へのシフトという見方もできよう。

身分上は雇用関係にあっても、自営業者との請負関係に近づいているといえるかもしれない。従来の人事評価に代えて頻繁な目標設定とフィードバックを行うようになったのも、マネジャーの主な役割が部下の「管理・評価」から部下への情報提供、支援にシフトしていることをあらわしている。

後に述べるように仕事の内容や企業を取り巻く環境が大きく変化し、従来のような働き方では限界があると企業も認識するようになったからである。

†背景にある日本的なものとは?

ここに紹介したような欧米企業、グローバル企業のトレンドと、「マイクロ化」する日本企業のマネジメントとの間にはギャップが広がっている。そして、ギャップの拡大に拍車をかけているものがある。

それが、日本社会特有の同調圧力である(それを裏づける調査結果については第3章で示す)。

欧米や中国などに進出している大手日本企業のマネジャーは、つぎのように語っていた。仕事上の注意や指導をすると欧米や中国では必ずその場で反論したり、理由の説明を求めたりしてくる。一方、日本で同じ注意や指導をすると黙ってうなずきながら聞いている。納得しているのかと思えば、だれか一人が不満を述べたとたん、堰を切ったように全員が不満の声をあげはじめるという。勇気を出して抗議する者はまれな存在であり、たいていの場合には納得されていなくても不満は表面化しないわけである。そして表面化しなければ経営者や管理者は気づかないので、とめどなく「マイクロ化」が進んでいく。

前述した、立ち話をとがめられたとかトイレに行く時間までチェックされているというようなケースでも、当人はそれに直接抗議したり、不満を口に出したりはしない。匿名のアンケートをとおして不満が伝わってくるだけである。

それどころか、現場の社員の間で忠誠競争が起きる場合も少なくない。

ある小売店ではお客さんをきれいな環境でゆとりを持って迎えられるよう、店長が午前八時には出勤するよう従業員に求めた。するとパートタイマーを含めてみんながだんだん早く出勤するようになり、全員七時過ぎに来るようになったそうである。細部に及ぶ日常の「マイクロマネジメント」も、従業員が反対するどころか、改善活動で彼ら自身がさらなるマイクロマネジメントを提案するケースもある。たとえば仕事の日報はもっと詳細に記載しようとか、離席をするときは上司に必ず伝えようという声が現場からあがるそうだ。

さらに上司が部下の自主性や自律性を尊重しようとしても、逆に「もっと厳しく指導してほしい」とか「管理してほしい」という若手の部下が少なくないという。

†マイクロマネジメントの隠れた損失

ただし、上司の意向を忖度し、過剰に追随するのは日本の文化や風土だけが原因ではない。制度がそうさせている面もあるのだ。その一つが個人の権限と責任が不明確なことであり、もう一つが独特な人事評価（人事考課）制度である。

まず、わが国の組織では個人の職務概念が乏しく、権限と責任があいまいである。そして組織の末端にいる者には権限そのものが与えられていない。そのため、上司は部下に対し微に入り細にわたって干渉する。部下としては「これは私の仕事なので口を出さないでください」といえないわけである。

一方では人事評価によって、上司に対して従順にふるまい、組織に忠誠を尽くすよう圧力がかけられる。

すでに述べたように人事考課の評価項目は能力面、業績面、情意面に分けられるが、このうち情意面、すなわち態度や意欲を見る部分のウエイトが大きいところがわが国の特徴である。態度や意欲そのものが抽象的、主観的であるため、評価される側は必要以上に従順さや忠誠をアピールしようとする。ちなみに欧米では、それらを見るにしても具体的な行動をとおして評価するのが普通だ。

しかもわが国では一人ひとりの仕事の分担や責任が明確でないため、現実問題として能力や業績を正確に評価することが難しい。そのため人事考課の「総合評価」も、結果的に評価者の主観や裁量に左右されやすいのである。

要するに、たとえ非合理な管理や評価が行われていても、部下の側からそれにブレーキをかける言動が生まれにくいわけである。ちなみに企業や役所などの組織不祥事も、このような日本的風土や評価制度が間接的に関わっていると思われるケースが少なくない。そして世界の趨勢に逆行するマイクロマネジメントが、評価する側とされる側の双方に時間と労力の多大なムダをもたらしていることはたしかである。

とりわけ見過ごされがちなのは、「量」よりも「質」的なムダである。

部下の仕事に対して過剰に干渉するマイクロマネジメントのもとでは、自発的なモチベーションは生まれない。また前述した改善活動がそうだったように、マイクロマネジメントも細かいムダの排除や小さな効率化をもたらす反面、それに頼りすぎることで大幅な効率化につながるような業務やビジネスの変革が遅れる場合がある。社員の自由な発想と行動によるアイデアの創出、イノベーションの機会を奪うという、一種の機会損失をもたらすわけである。

5　ボトムアップ型意思決定が生む膨大なムダ

†製造現場と対照的なオフィスの非効率

日本企業では後述する末松の分析でも明らかにされているように、製造現場とホワイトカラーとで効率性の落差が大きい。

改善活動が徹底され、生産現場の効率化は世界トップクラスと評される某大手メーカーも例外ではない。製造現場では「乾いた雑巾を絞る」といわれるほど徹底的にムダが排除されているが、オフィスでは現場と対照的に多くのムダが残っていて生産性があがらないと元幹部は語る。会議が多いため自席にいる時間が少なく、社員同士のコミュニケーションがとれないとか、資料づくりに忙殺され、管理職は膨大なメールの処理に時間を奪われているのが実態だそうである。

伝統的な大企業や金融機関に仕事の説明に行くと、会議室に部課長クラスが一〇人、二〇人と待ち受けていることがある。担当部署は一つなので列席者はせいぜい二、三人ですむはずであり、実際ほとんどの人は黙って座っているだけである。

企業の業種を問わず、このようなムダの例は枚挙にいとまがない。せっかく現場でコツコツと節約しても、オフィスや間接部門に大きなムダがあれば、まるで底の抜けた樽に水を入れているようなものだ。

なぜ、生産現場の効率化がオフィスに波及しないのか?

生産現場に比べてオフィスの仕事は複雑・多様であり、改善の目標や筋道が見つけにくいという理由もあるだろう。そのため生産現場で蓄積されたノウハウが、オフィスには活かされにくい。そして複雑・多様な仕事を効率化するための方法論が、生産現場に比べ確立されていないのである。

しかし、もっと大きな理由は必要とされる思考の枠組み、いわゆるパラダイムが対照的だからではなかろうか。つまり、かりに技術的には生産現場の改善ノウハウをアレンジしてホワイトカラーの職場に応用できたとしても、生産性の向上にはつながらない場合が多いのである。それどころか、応用するとイノベーションやブレークスルーの創出を妨げるという重大な副作用が生じる危険性がある。この点については第2章と第3章で敷衍したい。

✝会議に一社で年間三〇万時間

オフィスにおけるムダの発生源のなかでも代表的なものが会議である。

会議は意思決定のシステムとして必要であり、社内のコンセンサスを得るためにも役立っている。しかし、時間や労力の大きなムダを生んでいるのも事実である。

経営コンサルタントでもある京都大学教授の末松千尋（二〇一六）によると、会議は業務時間全体の三〇〜六〇％を占め、役職が上がるほどその比率は高まるという。一般に上位の役職ほど時間あたりのコストが大きくなるので、上位層の会議にムダがあれば問題はいっそう深刻だといえる。

しかも、上位層のムダは組織内に広く波及する。ある大企業では、データを集計したところ週に一度開かれる経営会議を支援するだけで年間三〇万時間も使っていたことが判明したそうだ。経営会議に備えたミーティングや情報のすりあわせに多くの社員が膨大な時間を取られていたのである（M. Mankins, 2014）。

とりわけ日本企業ではホワイトカラーの生産性が低く、その一因が会議にあるといわれている。実際、末松らの分析では、製造現場のＱＣ（quality control：品質管理）サークルの会議は世界最高レベルだが、ホワイトカラーの会議は世界最低レベルである（前掲、末松　二〇一六）。

なぜ日本企業ではホワイトカラーの会議にムダが生じやすいかといえば、いわゆる集団主義、形式主義が関係していることは明らかである。

第一に、意思決定が集団的に行われるため会議の数そのものが多い。

実質的には立ち話程度ですむ場合でも、形式を重んじ会議を開こうとする。しかも新たな名称の会議がつぎつぎに設けられる一方、廃止されることはめったにない。そのため形骸化しているものも含め、会議の数は際限なく増え続ける。ちなみに大学でも昨今会議が増える傾向にあり、大学によっては会議とそれに付随する資料作成などが教育・研究の時間を圧迫する深刻な事態も起きている。

会議が増える背景には、トップをはじめ関係者が責任を取りたくないので、合議制の会議というスタイルをとりたがる事情もある。みんなで決めたのなら責任は分散されるからである。ちなみに、それが「集団無責任体制」を生み、モラルハザードや組織不祥事につながるケースも少なくない（太田　二〇一七）。

第二にあげられるムダの源泉は、会議のセレモニー（儀式）化である。

社長や取締役をはじめ幹部が出席する会議では、幹部のメンツもかかっているので遺漏なきよう粛々と進めなければならない。そのため公式な会議は一種のセレモニーになる。伝統的大企業のなかには、本番をそつなく終えるために事前会議を開くのを慣例にしているところもある。それに費やされる時間のムダは計り知れない。

第三に、会議には議事と直接関係のない人まで出席するので、参加人数がおのずと増える。たとえば、上司をサポートするために部下が何人も出席したり、「あの人も一応呼んでおいたほうがよいだろう」といった理由でメンバーに加えられたりする。

そして全員の意見の一致、もしくは納得を求めるのでどうしても会議時間が長くなる。時間が長くなる理由はそれだけではなく、会議が情報の伝達や共有の場にもなっているためでもある。しかも、いまだに膨大な資料を準備し、配付した資料をわざわざ読み上げるといったことが行われている。データベースへのアクセス、メーリングリスト、ウェブ会議など意思決定を効率化するためのツールが普及しているにもかかわらず、その恩恵を享受していないわけである。

†意思決定の仕組みこそが問題

以前、中国の企業と共同研究してはどうかという話が第三者を介して私のところへ届いたことがあった。前向きな気持ちを伝えたら、突然の話にもかかわらず先方の企業から一時間ほどでＯＫの返事がきた。そしてさっそく研究の打ち合わせをしようという。私も仕事は速いほうだが、コミュニケーションの方法などで私が少々戸惑っているうちに、この話は立ち消えになってしまった。

一方、相手が日本企業だと二、三カ月もたってこちらが忘れかけたころに、「社内で決裁が下りたのでぜひ……」とか、「残念ながら上司がウンと言わないのでお断りします」といった返事がくる。

日本企業は海外の進出先でも担当者に当事者能力がないとか、意思決定が遅いなどと評判が悪い。それも意思決定が複雑で、しかも現場に裁量権が与えられていないからである。企業が役所から仕事を受注するときも、日本企業はいったん持ち帰って社内で検討するため時間がかかる。それに対し欧米企業は担当者一人がアタッシュケース一つを抱えてやってきて、その場で決めてしまう。時間勝負の仕事で日本企業はとても海外の企業に太刀打ちできないとこぼす。

もちろん海外企業のほうが、いつも仕事が速いとはかぎらない。メールを送っても、催促しないと返事がこないこともよくある。しかし、それは相手からすると重要度が低いか、本人にやる気がないからであって、意思決定が遅いのとはわけが違う。後述するように、良きにつけ悪しきにつけ「仕事を選ぶ」のも日本企業とは異なる点である。

†背後にあるのは処遇の論理

稟議制と呼ばれる日本型の意思決定システムは独特だ。部下がつくった原案に上司がハンコをつき、修正を加えながらだんだんと上位の管理職に上げていき、最終的に決裁権者が承認して正式な決定になる。その過程では直属の上司だけでなく、関係する部署の人たちも決定に参加する。関係する人すべてが参加するので慎重な検討が行われる長所がある反面、決定にとても時間がかかるという短所がある。

そして見逃してはならないのが、「全員が決定に参加する」とか「慎重に検討する」という大義名分の背後に、処遇の論理に端を発する大きなムダが隠れていることだ。

周知のように年功序列制のもとで年齢に見合った地位と給与を保障し、社員のモラールを維持しようとすれば、組織にとって必要かどうかとは関係なく、処遇のために役職を置かなければならない。とくに「団塊の世代」が管理職適齢期を迎えた一九八〇年代前後には、部長や課長などラインの管理職以外に、副部長、部次長、担当課長、参与、参事、課長補佐、課長待遇といった役職がたくさん設けられた。

それを正当化する制度が、いわゆる職能資格制度である。「職能」とは本来職務遂行能力のことであり、額面どおりなら能力主義的な人事制度になるはずだ。しかし能力そのものを正確に評価することは難しい。まして個人の仕事の分担がはっきりしていない日本企業では、発揮された能力を見定めることもできない。

そこでやむなく経験、勤続年数を能力の代理指標として用いることになった。経験や熟練がものをいう工業社会ではそれらを能力の代理指標にしてもそれほど問題はなかったし、年数という客観的な指標を用いることは公平・平等の理念にもかなうものだった。

このような背景により、能力主義を標榜した職能資格制度は皮肉にも年功主義にお墨付きを与える制度になってしまったわけである。

しかもわが国では、役職ポストには単なる機能や役割を超えた人格的な要素が絡む。一言でいうなら、役職の序列は「偉さ」の序列である。だからこそ社員にとって役職ポストへのこだわりは捨てきれない。とりわけ伝統ある企業や体質の古い企業ほどその傾向が強い。したがって役職ポストを廃止しようとすると、社内では陰に陽に執拗な反対運動が繰り広げられる。だから不要な役職もなかなか整理できないのである。

処遇のための役職は経営層にも存在している。

大企業では社長や会長を退いた人が、顧問、相談役といった役割が不明瞭なポストに就くケースも多い。

そして膨れあがった役職層は、組織の意思決定にも非公式な形で関わる。そのため意思決定が必要以上に遅くなる。なかには自分の存在感を示すため、あるいは勤勉さや忠誠心を周囲にアピールするため、わざわざ余分な口出しをしたり、原案に難癖をつけたりする者もいる。

意思決定の効率化を妨げる、こうした社会的要因はけっして軽視できない。しかし役職ポストが社員のプライドやモチベーションと関わっている以上、コストがかかるからといって簡単に整理できないのが現実である。

要するに純粋な意思決定の合理性、効率性の問題と、処遇、モラールの問題を切り離して対策を打たないかぎり、組織のムダも排除できないのである。

6　長所と短所が逆転!

†効率的に設計されていた日本型雇用システム

ここまで日本企業の制度がもたらす非効率、ムダについて述べてきた。しかし一歩踏み込んで考えてみれば、ムダの根源は日本的経営、日本型雇用そのもののなかに内在しているといえよう。

その理念的なエートスは何かといえば、社員を内部に抱え込み、組織の一員として働かせ、処遇する「共同体型組織」である。共同体の内部は制度や慣行の「壁」によって市場や社会の圧力から隔てられている。そのため組織のなかではしばしば効率性とは別の論理が働き、そこからしばしばムダが発生するのである。

なかでも共同体型組織の柱ともいえる新卒一括採用と終身雇用、それに年功序列制は、量と質の両面においてムダと深く関わっている。

新卒一括採用と終身雇用制、年功序列制はいずれも、制度（正確にいえば慣行）が確立された高度経済成長期の経営環境にはとてもよくマッチしていた。

当時、企業は規模拡大を続け、とりわけ大都市の製造業では大量の労働力を必要とし、人材を内部に確保する必要があった。また技術も市場もいまと比べると格段に安定していたため、企業は人材を長期にわたって計画的に育成するのが合理的だった。

そこで新卒者を一括採用し、一律に教育訓練していくという方針がとられたわけである。必要な人員をまとめて採用し、画一的に教育すればコストが節約できるし、平等に扱うことで不満も生まれにくい。また若年者で転職のリスクも低いので、賃金水準も比較的低く抑えられる。

そして企業は拡大を続けたので、社員の賃金も役職ポストも勤続に応じて引き上げることができた。前述したような役職ポストの増殖も、高度成長期にはそれほど問題にならなかったのである。社員の側からすると、まじめにコツコツと努力すればそれなりの地位と待遇が手に入るという見通しがたち、それが安定した勤労意欲と組織への忠誠心をもたらした。

新卒一括採用、終身雇用、年功序列とセットになっているのが職場のローテーション、すなわち定期的な人事異動や転勤である。大量に採用した社員の雇用を長期にわたって保障するためには、必要な部署、必要な仕事に人材を柔軟に振り分けなければならないし、年齢と勤続に応じて均《ひと》しく昇進・昇給させるには職種や仕事より職位中心に異動させる必要がある。そして、社内で多様な職場を経験するなかで社員はゼネラリストとして成長していったのである。なお、このような社内での異動は、転職すなわち外部の労働移動との対比で「内部労働市場」という。

このようにして身につけた能力は「企業特殊的能力」と呼ばれ、他社ではそのまま通用しない。また年功序列制のもとでは転職すると賃金面でも職位の面でも、また退職金や年金でも損失が大きい。そのため企業にとっては、離職を抑制する効果もあった。

これは働く側にとってもメリットが大きかった。戦後の社会保障がまだ不十分な時代には失業のリスクが小さいこと、寮や社宅などの福利厚生が備わっていることはとても魅力的だった。とりわけ地方から大都市へ大量に移動してきた若い労働者にとって、家族のように庇護してくれる会社共同体は、なくてはならないものだったのである。

†環境に応じて変革できない弱み

ところが、わが国がだんだんと豊かになり、またやがて経済が高度成長を終えて安定期に入ると、企業と労働者の双方にとって上記のような魅力が薄れ、逆にその矛盾や弊害が顕在化してくる。

経済も社会も成熟化すると、消費者のニーズも多様かつ高度になる。また製造現場やオフィスでオートメーション化が進むにつれて、労働集約型の仕事は減少する。そして経済のソフト化、サービス化、グローバル化にともない、必要な労働力は時々刻々と変化するようになった。そうなると企業としてはリアルタイムで必要な人材を、必要なだけ供給できる体制に切り替えるのが合理的だ。したがって抱え込んだ大量の労働力は余剰人員として、コストの面で経営の足を引っぱる。

抱え込んだ余剰人員のコストを最小限に抑えるため、日本企業はこれまで主に時間外労働によって労働供給量を調整してきた。仕事の閑散期に労働力を余らせないためには、それ以外の時期にはほぼ常時、時間外労働が発生することになる。

ところがいま、「働き方改革」によって時間外労働の上限が規制されるようになり、時間外労働による労働力調整が難しくなっている。その結果、これまでどおり長期雇用を維持する負担はいっそう重くなっている。

さらに「ゼネラリストの育成」を名目にした頻繁な異動や転勤も、その非効率さが浮き彫りになっている。

第一に、数年単位で本人の意思や専門性と無関係に異動させていたら、いつまでたってもプロになれない。今日のようにたとえ事務系でも各分野の専門能力が要求される時代には、それが大きなハンディになる。また、せっかく身につけた知識や情報、顧客との信頼関係を異動するたびに手放すのは、企業にとっても本人にとっても大きなロスである。

第二に、異動や転勤にともなう直接的なコストもバカにならない。事務の引き継ぎには相当の時間がかかるし、転居をともなう転勤は本人だけでなく家族も含めた生活に多大な負担を課す。

その一方で、労働者にとっては最低限の社会保障が整い、選り好みしなければ何らかの職に就けるようになったいまの時代に、終身雇用や手厚い福利厚生の恩恵は小さい。逆に、転職して自分に最適な職場を選ぶ自由が制約されているデメリットのほうがむしろ大きくなってきている。

要するに、高度成長期と現在とでは企業を取り巻く環境も、労働者が置かれている立場も大きく違ってきているのである。にもかかわらず日本的経営、日本型雇用の骨格は依然として残っている。実際、雇用統計をみると平均的な勤続年数そのものはそれほど変化していないし、少なくとも中堅以上の企業では年功序列制の枠組みは維持されている。日本的経営、日本型雇用にはいまなお利点はあるし、社会的な役割もそれなりに果たしているとはいえ、やはり企業と社会にとって大きなムダを生んでいる。その現実から目をそらすべきではなかろう。

本章では組織の外では顧客に対する過剰なサービス、内ではマイクロマネジメントや非効率な意思決定システムが多大なムダを生んでいることを指摘した。視野を広げてみると、それらはいずれも閉ざされた世界での競争、最適化を追求したものだということがわかる。次章では、そこに焦点を絞って説明しよう。

第２章

仕事に「完璧」は必要か?

1 「完璧」という名の怠惰

†「不良品ゼロ」追求のコスト

完璧な仕事ぶり、完璧なピッチング、完璧な人間……。「完璧」という言葉には独特の美しさが漂う。だから、人は完璧を目指そうとする。

かつて企業の製造現場では、改善活動の一環として「ZD運動」が流行した。ZDとはzero defect（無欠点）の頭文字で、不良品をゼロにしようという運動である。ZD運動にしても、QCサークルにしても、製品の品質向上に大きく寄与し、それがわが国の製造業の発展をもたらしたことは疑いがない。徹底して「完璧」を追求するマネジメントは、日本企業が世界に誇れる強みだったわけである。

「完璧」を追求する姿勢は成功体験を繰り返していっそう自信を深め、製造現場からオフィスやサービス部門へ、さらに産業界全体へと波及していった。そして、「完璧主義」という言葉が象徴するように一種のイデオロギーとでもいうべき性格を帯びるようになった。たしかに不良品や欠陥品を少なくすることが最優先されるような製造現場では、完璧主義は絶対的な理念となる。しかし、あらゆる場合に完璧が求められるわけではないし、求めるべきでもない。

製造現場でさえ、必ずしも完璧さが求められないケースがある。たとえば万が一、部品に欠陥があっても組み立ての工程でチェックすればすむ場合があるし、センサーが欠陥品を検出してくれる場合もある。製造現場の外に出ると、完璧を要しない領域はいっそう広がる。

そして完璧にこだわることで他の価値が犠牲になり、その犠牲を見過ごせないケースが増えてくる。

「犠牲」の一つが時間である。製品や業務によっては、少々不良品やミスがあっても早く製造し、サービスを提供することのほうが大事である。あらゆる業界がグローバルな競争にさらされるようになり、スピードの重要性が飛躍的に高まった。必要がないところでも完璧にこだわっていては、競争にとてもついていけなくなっているのだ。

もう一つが金銭的なコストである。完璧を目指せばどうしても追加的なコストがかかる。

なかには完璧さより価格の安さが重視される製品や仕事が少なくない。ある半導体メーカーの技術者によれば、製品の納期を守るのに八〇点の水準でよいところを九五点の水準で守ろうとすると、八〇点の水準で守るよりコストが二倍かかるそうだ。

それが事務部門になると、製造部門ほどタイムリミットや求められる規格が明確ではないだけに、「完璧主義」のムダはいっそう大きくなる。

よく知られているように、かつての銀行では一円でも計算が合わないと、計算が合うまで徹夜してでも原因を追及するようなことが行われていた。さすがにいまはそこまでしないところが増えたようだが、コンプライアンスが叫ばれるようになってからは、絶対にルール違反やミスを犯さないという建前のもとで事務量が大幅に増えたといわれる。

「完璧」のコストとして象徴的なのは、やはり会議である。

大企業でも役所でも幹部が出席する会議では、幹部が会議の場で失点を犯したり、恥をかいたりしないよう完璧な資料をつくらせる。何を訊かれても答えられるように備えようとすれば資料は膨大な分量になる。さらに会議がスムーズに進行するよう、あらかじめシナリオがつくられ、座長はただそれを読み上げればよいようになっている。しかも不測の展開になったときに備えて別バージョンも作成する念の入れようだ。

当然ながら、会議の準備に割かれる部下や関係部署の時間と労力は膨大なものになる。さらに、そうすることで会議そのものが形式的になり、セレモニー化してしまう弊害まで含めたら実質的なコストは計りしれない。

いずれにしても小さなムダをなくそうという努力が、大きなムダを生んでいるわけである。にもかかわらず、「完璧にすべきだ」という強固なイデオロギーが存在するため、ムダだとわかっていてもなかなか見直せないのが現実だ。

†無意味な「部分最適」

完璧主義のある意味で致命的な欠点は、「木を見て森を見ない」視野の狭さにあるといえよう。

建築業者の話では、いくら費用がかさんでも地震や火災に対して絶対に安全な家をこしらえてくれという人が世の中に一定数いるそうだ。自動車業界も近年は安全性を徹底的に追求するようになっているが、それも完璧な安全性を追求する潜在的な顧客が少なくないからだろう。

しかし周囲を見渡してみると、災害のリスク削減にそこまでこだわりながら、大酒を飲んだりタバコを吸ったり不摂生な生活をしている人がいるし、絶対に安全な車に乗りながら、車から降りたら平気で信号無視をする人もいる。

かぎられた範囲で「完璧」を追求しても、視野を広げてみるとあまり意味がないことが多いのである。

実際、アメリカではさまざまなリスクが統計数値として比較されている。ダン・ガードナーの本（二〇〇九）のなかから、興味深いデータを紹介しよう。

犯罪の多いアメリカでは、子どもが被害に遭う危険性が高いと認識されている。しかし、子どもが見知らぬ者に誘拐される確率は、車の衝突事故で死亡する確率の約二六分の一にすぎない。

またアメリカでは二〇〇一年の「九・一一」テロの後、多くのアメリカ人が移動手段を飛行機から自動車に切り替えたが、ある教授の計算によればテロリストが一週間に一機のジェット旅客機をアメリカ国内でハイジャックして激突させたとしても、一年間毎月一回飛行機を利用する人がハイジャックで死ぬ確率はわずか一三万五〇〇〇分の一である。これは車の衝突で死ぬ年間の確率六〇〇〇分の一に比べてはるかに低い。冷静に計算すれば、テロの恐れがあるからといって自動車に切り替えるのは、正しい判断だとはいえないことがわかる。

とくにわが国では客観的な統計データより「体感」を優先したり、リスクを許容せず、しばしば非現実的な無謬主義が合理的な反論さえ許さなかったりする。そのため、世の中には不合理な現象がいたる所に見られる。しかも、それは前章で紹介した食品ロスや過剰サービスのような経済的非効率にとどまらない。

予防接種の副作用で被害者が数人出ると、接種によってどれだけ多くの人命が救われるとしても接種が中止になることがある。重病者を救える可能性が高い治療法や新薬のなかには、欧米では利用できても、わが国では「安全性が確認されていない」という理由で承認が大幅に遅れる例がよくある。また最近は医療事故で医師が訴えられるケースが増えたため、「患者のためになるとわかっていてもあえて施術をしない場合がある」と告白する医師がいる。見方によれば、多くの人命が「完璧主義」の犠牲になっているといえるのではないか。

部分最適による非合理やムダは、職場にも数多く見られる。

膨大な時間と労力をかけて緻密な資料をつくっても、実際には荒っぽい議論で結論が出たという経験をもつ人は少なくなかろう。また前章で取りあげた某メーカーのように、オフィスで大きなムダが見過ごされていたら、製造現場で徹底的に効率化してもその努力は水の泡となる。

†「完璧」が思考を停止させる

そもそも限定された範囲で完璧を目指すことは、無限な広がりをもつ外部の要因、不確実な将来を考慮しないことを意味する。したがって「完璧」を求めることによって人間はしばしば思考停止に陥り、また真剣な努力を放棄してしまう。

ここでもわかりやすい例をあげよう。プロ野球選手のなかには、「打率一〇割が目標だ」とか、「毎試合完全試合を狙う」と真顔で語る者がいる。しかし、そのような非現実的目標を掲げる選手はたいてい優れた成績を残せないものだ。それは目標達成に向けて真剣に努力しないからである。かりにそのようなとてつもない目標を達成しようとするなら、どれだけの条件と努力が必要になるかさえ真剣に考えてはいないのである。

完璧な仕事をしているつもりでいると、思わぬ欠点に気づかなかったり、機転が利かなかったりすることもよくある。それはしばしばマニュアル至上主義と結びつく。

私は以前、海外に行くたびに同一ブランドのハンバーガー・ショップで「マヨネーズ抜きのハンバーガーをつくってほしい」と頼んでみたことがある。すると、どこの国でもごく自然な態度でマヨネーズ抜きのハンバーガーをつくってくれた。ところが唯一、日本ではどこの店でも店員に怪訝な顔をされ、断られたり、店長に相談に行くなどしてたいそう手間取ったりした。客がいるいないにかかわらず態度を崩さない日本人より、ゆとりのあるときは雑談に夢中な外国人のほうが、イレギュラーな出来事への対応能力は高いように見える。それは、ふだんから状況を判断して柔軟に行動する習慣が身についているからだろう。

科学や技術にしても、ビジネスにしても常に進化するいまの時代には、完璧に準備したつもりでも状況が変わると完璧ではなくなる。前に進んではじめて欠陥や不十分な点が見つかることもある。あえて完璧を求めず、リスクを冒してこそ進歩する。それを放棄して「完璧」に安住することは、ある意味で怠惰な姿勢だといえよう。

†隠れたリスクを高める場合も

もっと深刻なのは、「完璧主義」が思わぬところでリスクを高めていることだ。

中小企業のなかには、有給休暇を含め一年間まったく休まない社員に皆勤賞を贈ったり、皆勤手当を支払ったりしている会社がある。勤勉な社員を称えたい会社の気持ちはわからないでもないが、社員には少々体調が悪くても休めないというプレッシャーがかかる。これがチームや集団単位になると、プレッシャーはいっそう強くなる。中学や高校ではクラス全員で皆勤賞を取ったということが美談としてしばしば語られるが、クラブ活動で足を負傷したときや、風邪で高熱が出たときも休めなかったという裏話も耳にする。

またミスを許さない無謬主義が、組織的不祥事の温床になっている場合もある。小さなミスでも犯したら叱責されたり、制裁を受けたりする。少なくとも経緯を説明するか、始末書を書くかしなければならないので面倒だ。そのためミスを隠蔽するとか、データを捏造するといった動機が生まれやすい。

さらに、それが重大な事故につながる危険性もある。二〇〇五年に一〇七人もの死者を出したJR福知山線の脱線事故も、電車が遅れると運転手は厳しい「日勤教育」を受けなければならないので、遅れを取り戻そうとパニック状態に陥ったのではないかと指摘されている。

ミスの発生を想定しない、もしくは求められる基準があまりにも非現実的だと、最初から達成をあきらめて努力しなくなる場合もある。そして、面従腹背で建前と運用を使い分けるようになる。そこにもまた危険が宿る。たとえば、かりに運転手に前日の夕食時からの飲酒をいっさい禁止する規則を設けたら、それは空文化し、夕食時どころか深夜・未明まで飲酒する者がでてくるかもしれない。

本来なら非現実的な基準は現実に合うよう見直されるべきだが、完璧主義のイデオロギーが組織内に、また社会にも浸透していると、見直しはなかなか許されない。その結果、いつまでも問題が放置される。小さなミスの隠蔽が大事故につながり、誤った運用が事件化するとなると、現実に蓋をする完璧主義の代償はあまりにも大きい。

2 「完璧」な人材は役立たない

†人材観の大転換が起きている

つぎに、視点を人材の面に移してみよう。

この二〇～三〇年ほどの間に、わが国ではかつてないほど急速に人材の価値が変化している。

明治以降一〇〇年以上にわたる工業社会、もっと遡れば二〇〇〇年以上前の農耕社会から一貫して求められた日本人の模範的な人間像がある。それは勤勉でミスをせず、周囲と協調して行動できる人間である。

また欧米に、そして国内に目標となる企業やビジネスのモデルがあり、それにひたすら追随するキャッチアップの時代が長く続いた。そこでは知識の量や記憶力、そして素早く正解にたどりつく能力に優れた「受験秀才型」の人材が重宝された。

逆に突出した能力や個性は一部の人以外には必要がないばかりか、均質な仕事や全体の和を乱すものとして排除の対象となった。「個性尊重」は建前にすぎなかったのである。人事評価でも減点主義が採られたのは、製造現場でミスや不良品をかぎりなくゼロに近づけようとするのと同じ理念に基づいている。

つまり、完璧なモノづくりと同じように、あらゆる角度からみて「完璧」な人材こそが理想だったわけである。

ところが一九七〇年代からのＭＥ技術革新によって製造現場では自動機械やロボット、センサーなどが、オフィスにはコンピュータが導入されるようになり、やがて急速に普及していった。それとともに単純作業や定型的な仕事は機械やコンピュータに肩代わりされていった。さらに九〇年代半ばからのＩＴ革命により、製造現場、店舗、オフィスそれぞれの職場で人間が携わってきた仕事がつぎつぎに姿を消していった。列車の運行や飛行機の運航など完璧な安全性が求められる仕事でさえ、制御システムが大きな役割を果たすようになっている。

「完璧」が求められる仕事の多くは、それを得意とする機械やコンピュータに取って代わられたのである。

そして人間には機械やコンピュータでは行えないような仕事、すなわち創造性、革新性、勘・ひらめき、感性、洞察力、総合的判断力といった人間特有の能力や資質が、これまで以上に重視されるようになった。

研究開発の世界には「千三つ」という言葉がある。一〇〇〇のうち三つでも当たればよいという意味である。それくらい試行錯誤をしないと新たな発見や発明が生まれないわけであり、失敗のなかから学ぶことも多い。それは「完璧」とは対極にある考え方だといえる。新しい知識やアイデアが大きな価値をもつ時代に入って、研究開発にかぎらず、企画、デザイン、営業、マーケティングなど多くの仕事が「完璧」より「千三つ」に近い考え方をとるようになった。

それとともに人材に対する見方も変わってくる。欠点のない「完璧」な人間より、少々欠点があっても突出した能力や際だった個性を備えた人間が求められる。工業社会とは対照的に、ポスト工業社会では突出した能力や個性こそが価値の源泉だからである。そうなると減点主義ではなく加点主義が大切なことは明らかだ。

†選別の限界

それだけではない。そもそも工業社会と違ってポスト工業社会では人材の選別や評価そのものの有効性が低くなる。

私たちはこれまで人を評価し、選別することは当然と考えてきた。しかも前章で述べたとおり、わが国では近年いっそう人を細かく評価し、選別を強める傾向が見られる。

工業社会の時代には、工場における品質管理と同じように人材も一定の基準に当てはめて採用し、採用後も基準に合う者を登用したり配置したりすればよかった。

それに対してポスト工業社会では、独創や創造というものの特徴を考えればわかるように原因と結果の関係が不明確で、何が生まれるか予見困難である。逆にいえば、予見できるものには価値がないわけである。それは人間にも当てはまり、どのような特性を備えた人材がどんな結果をもたらすかわからない。たとえ予想できるとしても、外れるリスクは相当に高い。要するに、やらせてみなければわからないのである。

しかも独創・創造にしても勘やひらめき、判断・推理にしても、人間に求められる主要な知的活動は頭のなかで行われる。そのため見ることができないし、管理することもできない。極端な話、パソコンに向かってまじめに仕事をしているようでも頭のなかでは妄想にふけっているかもしれないし、ぼんやりしていても頭のなかはフル回転しているかもしれない。表面にあらわれた態度や行動は一種の派生物であり、それをいくら細かく評価しても、肝心な知的活動が評価できなければ意味はないのである。

いずれにしろ完璧主義は、人材を評価して選別するというプロセスでも行き詰まる。

さらに付け加えるなら、「完璧」にまとまるより不完全なほうが伸びしろがあるという見方もできる。とくに事業の革新や発展が期待されるいまの時代には、「伸びしろ」こそが重要なのである。

†それでも「完璧」を求めるのはなぜか？

もちろん経営者も管理職も、非現実的な完璧主義を強引に貫こうとしているわけではない。完璧主義の弊害や限界については、多くの人がそれとなく気づいているはずだ。「一芸採用」や「加点主義人事」がひところ謳われたのはそのあらわれである。また多くの企業が個性ある人材、失敗を恐れず挑戦する社員を歓迎するというメッセージを送り続けている。

しかし、現実をみると大きな変化はあらわれていないようだ。あいかわらず欠点の少ない模範的な人材が優先的に採用される傾向にあり、そつなく仕事をこなし人事評価でもまんべんなく点数を稼ぐ社員が昇進していく。「一芸に秀でる」「加点主義」「失敗を恐れず挑戦する」という理念と、実際のマネジメントとの間にギャップがあることは衆目の一致するところだろう。

なぜ理念とは裏腹に、完璧主義の呪縛から逃れられないのだろうか？

それは組織や人事の仕組みが深く関わっている。

まず採用に携わる人事部員の立場になって考えてみよう。採用には当然、当たり外れがある。潜在能力や魅力的な個性は豊かだが欠点もある、いわゆる「尖った」人材は、外れるリスクも高い。そのリスクは職場でのトラブルや突然の離職といった形で、早々に採用の「失敗」としてあらわれる。リスクを負えないのは、わが国の場合いったん採用した以上、不適格だとわかっても会社側から簡単に解雇できないからでもある。いずれにしても採用した者の責任が問われることになる。

逆に当たったとしても、その潜在能力が開花するのは何年もたってからである。とくにわが国では年功序列が残っているので、いくら優秀な人材でもかなりの年齢にならないと実力を発揮できるポストや仕事には就けない。いずれにしても、そのころには潜在能力を見抜いて採用した担当者は異動になっていて、その眼力が評価される可能性は低い。したがって採用者はリスク回避的になり、完璧主義に陥るのである。

部下を管理・評価する上司もまた、同じような理由でリスク回避を優先し、部下に完璧主義を求める。部下が新しい提案をしたり、変革を訴えたりしても上司が何かと理由をつけて反対することが多いのは、上司の側に現状維持でリスクを冒さないほうが得だという計算が働いているからだろう。

ここでいう完璧主義は減点主義ときわめて関連性が強い。つまり社員の採用にしても、部下の評価にしても、減点主義をとるのは自分自身が減点主義で評価されるからである。ちなみにそれは、仕事をするうえでの「事なかれ主義」にも通じる。前章で述べたように理不尽な要求をする顧客やクレーマーに対して毅然とした態度をとれないのも、事を荒立てるより何とか無難にやり過ごしたほうが得だと考えているからである。

困ったことに、減点主義の連鎖は現場レベルにとどまらない。日本の企業社会ではまだ株式を持ち合う慣習が残り、メインバンクも存在するため株主の発言力はそれほど強くない。そのため経営者に対して徹底した利益の追求や、チャレンジングな経営を求めない傾向がある。そして経営者には内部昇進者が多く、彼らはリスクを冒して利益をあげることより、無難に任期を終えようとする。

このように日本企業では、トップから末端までが「攻め」より「守り」重視、すなわち自らの保身のためにリスクを最小化するよう動機づけられている。それが、たとえ組織にとって不合理だと思っても完璧主義にこだわる大きな理由だと考えられる。

3 「効率化先進国」ドイツから何を学ぶか？

†同じ完璧主義でも大きな違いが

企業は完璧な製品、完璧なサービスを追求し、社会に対しても完璧さを求める日本。しかしその日本が働き過ぎ、低い生産性・国際競争力・利益率という状態からいつまでも抜け出せない。

ところが日本と同様に完璧主義で知られるドイツは、主要国のなかで労働時間が最も短く、長期の休暇とゆとりある生活を満喫している。そして生産性や国際競争力は高い水準にある。経済も好調で、ある意味では模範的な国として世界から羨望のまなざしを向けられている。いわば「効率化のトップランナー」である。

日本とドイツは天然資源に恵まれない点や、高品質なモノづくり、敗戦からの奇跡的な復興、勤勉な国民性、共同体主義など共通点も多い。それだけに好対照な現状は興味深い。

いったいどこに違いがあるのか？

それを明らかにするため私は関連文献に当たるかたわら、二〇一七年の春にあらためてドイツを訪問し、現地の企業数社で聞き取り・観察調査をしたり、日独両方の経営・労働事情に詳しい十数人にヒアリングを行ったりした。さらに進出先のドイツでマネジメント経験がある日本企業の管理職たちとも意見交換をした。

そこで浮かび上がったのは、日本式の「完璧主義」とは違う方向に進む効率化の姿である。

まず指摘しておきたいのは「完璧」のとらえ方というか、優先順位の違いである。それは、精神主義と合理主義の違いといってもよいだろう。

すでに述べたとおり日本企業、日本社会の完璧主義は、「一つの不良品もあってはならない」「一つのミスも許さない」というたぐいのものである。それに対してドイツの完璧主義は、まず合理的かどうかを見極め、そのうえで完璧を目指す。プロセスにおける完璧さを重視するか、最終的な目標に照らした完璧さを重視するかの違いだともいえる。

たとえば日本企業では部品にバリがついていたり、小さな傷があったりすると製品化するのに支障がなくても取り除かれるが、ドイツ企業では支障がなければＯＫになる。ドイツ製の部品がメーカーに納入される際にも、日本のメーカーは一つでも不良品が見つかると全部送り返すが、ドイツのメーカーはコストと比較したうえでそこまで高い水準を求めない。こうした判断基準の違いが原因で、両国企業の間で摩擦が生じるケースが少なくないといわれる。

前述したように、日本の銀行では一円でも計算が合わないと合うまで計算し直していたが、ドイツではかけるコストに見合わないと判断したらそのようなことはしない。鉄道も改札がないので切符を持たなくても乗車できるが、抜き打ち的に行われる検札で見つかれば高額の「罰金」をとられる。不正乗車による損失と改札や検札にかかるコストを天秤にかけているのだ。このようにドイツでは、かぎられた経営資源をリスクの高いところへ集中する「リスク・アプローチ」をとるのである。

もう一つは、ＩＴの積極的な活用による効率化の追求である。

いくら人間が「完璧」を追求しても自ずと限界がある。その点、単純な作業や定型的な業務はＩＴが得意とするところである。したがって完璧性が要求される仕事はできるだけＩＴ化しようという考え方が徹底されている。人間はクリエイティブな仕事や高度な判断が要求される仕事に携わればよいわけである。

あらゆるものをインターネットでつなぐＩｏＴや、ビッグデータ、人工知能などを活用する大型プロジェクト「インダストリー4.0」の底流に存在するのは、このような考え方である。

†まずフレームをつくる

「完璧」へのアプローチも日本とはある意味で対照的だ。

市街地の開発から交通システムの設計まで、ドイツでは先にしっかりした全体の構想を描く。製品やサービスにしても、仕事のプロセスにしても、まずコンセプトを明確にする。日本では人間の手でカスタマイズするが、ドイツではつくったプラットホームに載せて仕事をするので効率的だといわれる。

家屋の建築にたとえるなら、わが国では細部にこだわりながら家を建て、後に増築や改築をしていくのに対し、ドイツでは細部を決めずに骨組みをつくり、後は状況に応じて中身をこしらえるというイメージである。

ちなみにアプローチの違いは、スポーツのチームなど企業とはまったく別の組織にもあらわれている。典型的なのがサッカーだ。

南米などのチームと対照的に、日本もドイツも組織だったプレーを得意とする。しかし、日本のサッカーは個人の役割分担が明確でなく、「全員攻撃、全員守備」をモットーにするのに対し、ドイツのサッカーは選手個々人の役割が明確に決められており、その役割のなかで個人が自由にプレーする。

このようにドイツでは、フレームやコンセプトをつくることへのこだわりが強い。そのため日常の仕事においてブレが小さく効率的である反面、隙間ができやすいという欠点がある。

後述する職務主義もその典型であり、一人ひとりの仕事の分担を明確にすると、新たに発生した仕事や隙間の仕事が処理できないという問題がしばしば指摘される。この点については、対策として仕事に横串をとおすチームをつくっている例や、プロジェクトを管理するための専門職を置いている会社がある。社員が休暇を取ったとき業務に支障が生じないよう、あらかじめ代わりの担当者を決めているところも多い。要するに変化や隙間への対処もまた制度として設計されているのである。

†徹底した仕事の仕分け、優先順位づけ

そして、効率化に大きく寄与しているのが仕事の仕分け、優先順位づけである。そこにも徹底して合理主義を貫こうとするドイツらしさがあらわれている。

ドイツでは非管理職の場合、基本的に一日の労働時間が八時間を超えてはならず、有給休暇も年間二四日以上与えなければならない（大企業は年間三〇日の休暇を与えているところが多い）。実際、よほどのことがないかぎり残業はしないし、有給休暇はほぼ一〇〇％取得する。

そのかぎられた時間のなかで、成果をあげようとすると、当然ながらすべての仕事を完璧にこなすことはできない。しかも新しい仕事や雑用はつぎつぎにやってくるので、すべてを受け入れていたらすぐにオーバーフローする。そこで、仕事を取捨選択したり、仕事の重要度に応じて投入する時間や労力にメリハリをつけたりすることが必要になる。その割り切り方、徹底ぶりに日本企業との明らかな差がみられる。どんな仕事も手を抜かずにこなすことをよしとするわが国とは対照的である。

では、仕分け、優先順位づけの基準はなにか？

一つはコスト・パフォーマンスがよい、すなわち時間と労力に見合う価値がある仕事か否かである。コストに見合わない仕事は切り捨て、大事な仕事に時間と労力を集中して投入する。

もう一つは、個人の健康や安全、生活の充実に関わるかどうかである。たとえば法令でも労働時間や休暇だけでなく、休憩室から一人あたりのオフィスの空間、机の寸法まで最低限の基準が細かく決められている。また後述するように、日本と違ってプライベートなスケジュールを仕事より優先する風土がある。

そしてメリハリという点でいえば、ふだんの働きぶりはリラックスしていて、あまりやる気がないように見えても、ここというときの集中力は高い。むしろ日本人以上だという声も聞かれる。

なお、これらはドイツにかぎらず英米や、フランス、オーストラリア、北欧諸国などでも程度の差はあれ共通してみられる特徴である。ちなみにフランスやデンマークの役所で働いた経験のある日本人によると、彼らは最初に上司から「重要でない仕事はやらなくてよい」と言い渡されたそうである。

†すべてが対等な関係のなかで

このように組織としても、また個人としても仕事の仕分けや優先順位づけができるのは、組織の内外における関係が対等であることと関わっていると考えられる。

中根千枝（一九六七）が看破したように、わが国ではタテの関係になりやすい特徴がある（異論もあるが）。そして前章で指摘したように、顧客との関係でも、上司と部下との関係でも、一方的な上下関係が隠れたムダをもたらす原因になっている。

その点、ドイツにかぎらず欧米では売り手と買い手は対等な交換関係というのが大前提になっている。客におもねってまで商品を買ってもらおうとはしないし、客が追加的なサービスを要求したら対価を取るのが原則だ。そして企業は利益があがらない分野からは早々に撤退する。

このように対等な関係のなかでは、売り手と買い手がリアルタイムで交渉する。そこでは常に市場原理が働いているわけである。当然、買い手が求めない不要なサービスは削られる。たとえば宅配便も、紛失や棄損のリスクがあっても配達料が安いほうがよいという人は留守なら玄関先に置いてもらえばよいし、リスクを避けたい人は追加料金を支払って再配達してもらえばよい。デパートでもていねいに包装してもらいたい人だけ追加料金を支払うようにすれば過剰包装のムダは減らせる。

医療などでも、自己責任でリスクの高い治療や薬を選択できるようにすれば、多くの命が救われるようになるはずだ。

要するに、対等な関係によって削減できるムダは少なくないのである。

職場における上司と部下との関係も同じである。

ドイツをはじめ欧米の企業では、上司と部下の公式な上下関係はある意味で絶対的だ。上司の命令には必ずしたがわなければならない。しかし、それはあくまでも役割上の関係であり、日本企業のように人間的な上下関係ではない。

だからこそ部下は上司に命じられた仕事でも納得できなければ説明を求めるし、意味がないと思えばそう主張する。そのため部下がムダな資料をつくらされたり、不必要な会議に同席させられたりすることが少ないのである。

†専門性の高さが強みに

一人ひとりの専門性が、高い生産性につながっているという面も無視できない。

すでに述べたように日本企業は生産現場での生産性が高い一方、オフィスでの生産性は低い。会議や意思決定の仕組みなどに原因があると考えられているが、もう一つの原因は専門性の低さである。

事務系ホワイトカラーの場合、大学（あるいは高校）で何を学んだかに関係なく、主に学歴や人間性を基準に採用される。つまり採用時点において、専門能力はまったく担保されていないのである。採用後は研修やＯＪＴで教育を受けるが、数年で別の職場へ異動になる。そのため本人も真剣に専門能力を身につけようとはしない。したがって、いつまでたっても素人に近いわけである。

それに対してドイツでは、日本でいう小学四年を終えた段階で進路が三つに分かれ、大学進学を目指さない者は主に基幹学校や実科学校へ進み職業教育を受ける。大学も総合大学のほかに実務や応用を重視した専門大学が多く、学生は早い段階から自分の専門性を意識する。

企業が社員として採用する際は、職種（仕事）を限定して採る。また人材紹介会社の利用やヘッドハンティングなどによって中途採用するケースも多い。見習い制度や試用期間など、入り口でのミスマッチを防ぐ仕組みも用意されている。

このように職種を限定して採用するため、セールスならセールス、人事なら人事というように職種の特性に応じたマネジメントが行える。日本なら技術系か、せいぜい法務など一部の専門職にしかできないような専門的な教育やキャリア形成も可能になるのである。

こうした専門的キャリアのうえに成り立つのが、個人の職務内容を限定する「職務主義」である。

職務主義では役割や権限・責任を明記して契約するので、非管理職でも職務の範囲内では裁量権がある。たとえば予算を使う場合や公的な文書を提出する場合などを除き、自分で計画を立てて実行し、事後報告すればよい。そのため仕事の段取りがしやすいし、仕事が早くかたづく。会議も頻度が少ないうえに時間も短くてすむ。たいていが三〇分から一時間程度であり、社内規定で「一時間以内」と決めているところもある。

こうした専門性の高さにはもちろん短所もあるが、技術や知識がますます専門化するいまの時代には適合しているといえそうだ。

†「プライベート優先」が仕事意欲を高めるワケ

もう一つ、見逃せないのがモチベーションの「質」である。

仕事に対する意欲や関わり方をあらわす指標として近年、「エンゲージメント」という尺度がよく使われるようになった。シャウフェリ（W. B. Schaufeli）らによって開発された、仕事に対する積極的な関わり方をあらわす概念であり、「活力」「熱意」「没頭」の三要素からなるとされる。

いくつかの機関が行ったエンゲージメントの国際比較によると、いずれもドイツ人のほうが日本人より高いという結果が出ている。たとえばギャラップ社の調査（二〇一五年）によると、日本ではエンゲージメントの高い人がわずか六％で、低い人が二三％いるのに対し、ドイツではともに一六％となっている。

ドイツ人は日本人と違って仕事より私生活を重視する人が多い。少なくとも「仕事優先」「仕事が第一」という人は少数派だ。にもかかわらず日本人よりエンゲージメントが高いというのは意外な気がする。

その秘密は労働時間の短さ、正確にいえば基本的に残業がなく、労働時間がかぎられているところにあるのではないか。

前述したとおりドイツでは労働時間の上限が法律で厳しく定められており、少なくとも非管理職はよほどのことがないかぎり残業はしない。また日本と違い、がんばって残業しても評価されない。そして自分や家族の誕生日、友人とのパーティなどプライベートな用事があれば仕事に優先して休暇を取る。蛇足だがプライベートな予定が入っているといえば納得してもらえるが、仕事が重なっているという理由で断るのは角が立つそうだ。別の仕事より軽く見られたことになるからである。

いずれにしてもプライベートより仕事優先の日本とは対照的だ。

つまり、さまざまな制約により労働時間が限定されているのである。だからこそ社員は時間内で効率的に働こうとするし、会社も効率的に働かせようとする。

また私生活に十分な時間を取り、十分に休めば仕事に対する意欲が高まる。マズローの欲求階層説に当てはめるなら、生理的欲求や社会的欲求など低次の欲求が十分満たされるので、承認欲求や自己実現欲求に動機づけられるのだといえよう。端的にいえば、休みが足りたら仕事がしたくなるのである。

そして、もう一つ理由がある。

「こちらでは仕事と私生活との葛藤がない」。日本とドイツの両方で働いた人が口をそろえてこういう。良質なモチベーションが発揮できている大事なポイントである。

日本企業のように残業が当たり前のように行われていて、しかも自分が努力しても定時に帰れない職場では、仕事中も今日は何時に帰れるかといった雑念が頭をよぎる。しかも新たな仕事にチャレンジするといっそう帰りが遅くなるので、自ずと仕事にブレーキが掛かる。またいつになったら帰れるかわからないので、全力を出して仕事に取り組んだら体力・気力がもたない。たとえていうならゴールが決まっていないマラソンを走らされるようなものである。

それに対し終業時刻が決まっていると、私生活へのしわ寄せを気にせず仕事に没頭できるし、力をセーブする必要もない。しかも同じ時間働くなら、ダラダラと過ごすより全力で仕事をするほうが、充実感があるし成果や報酬もついてくる。したがって少々ハードな仕事にも耐えられるのだ。

残業がないことは良質なモチベーションが発揮される十分条件ではないが、少なくとも必要条件ではあるといえよう。

†日本でできることと、できないこと

以上、完璧主義の比較を皮切りに「効率化先進国」ドイツの特徴的な点を紹介してきた。ドイツに学ぶという目的から必然的に優れた点を強調したが、他方にはムダの排除、効

率性の点で日本より劣っているとみられる点もある。また歴史や社会などの条件が異なるため日本では実践できないこともある。

社会的条件の違いとしてまずあげられるのが、移民の存在である。周知のとおりドイツでは移民労働者が多く、彼らが定型的業務や単純作業など比較的付加価値の低い仕事に携わり、経済を支えている。そのためドイツ人が専門的なキャリアを築きやすいという側面があることは否定できない。さらに義務教育を終えた早い時期から将来の職業が決まるなど、職業や階層の固定化がわが国で受け入れられるかという問題もある。

またドイツは日本に比べ労働市場が流動化しているので労働者は転職しやすいし、企業は解雇しやすい。そのため勤めている会社で専門性を発揮する場がなくなったら、ほかに発揮できる職場を探すという選択肢がある。だからこそ、自分の専門にこだわることができるわけである。

ドイツのほうにムダがあるというところも少なくない。

たとえば職務主義が徹底しているため、顧客の側からすると担当者不在で待たされるような事態もたびたび発生する。職場ではチームとしての連携がうまくとれなかったり、隙間の仕事が漏れたりすることがある（前述したとおりシステムとして対策がとられているが）。

また新人だからといって手取り足取り指導してくれないし、仕事に手間取っていても助けてもらえない。そして、いくらがんばっても実際に役割を果たし、成果をあげないかぎり評価されない。その点では人的資源にムダが生じているという見方もできる。

さらに視野を広げれば、法律や就業規則などによる手厚い労働者保護が経営の自由を奪い、余分なコストを生んでいる側面もある。

とはいえ総合的にみるなら、やはりわが国の企業や社会がドイツから学べる点は多い。とくにＩＴの活用、リスク・アプローチ、専門性尊重、ワークライフバランスとモチベーションの「質」重視などは、いずれもこれからの組織や社会が目指す方向に沿うものである。しかも第4章、第5章で述べるように、わが国でも組織や社会の仕組みさえ変えれば取り入れられるものが多い。

4　真の「いい加減」こそ大切

†「いい加減」を見つけるには

　すでに述べたとおり、完璧主義は無意識のうちに思考の範囲を限定している。多くの場合、外部の世界との調和や環境から受ける要因などを考慮に入れていない。組織論の用語を用いるなら「クローズ・システム（閉鎖系）」の考え方である。したがって閉ざされた世界における「部分最適」であっても、開かれた世界における「全体最適」にはなりえないのである。

　先にリスク計算の例を紹介したように、視野を広げてみると多くの場合、「完璧」にこだわるのは無意味なことだとわかる。無意味な完璧主義をやめるだけで直接的な経費はもちろん、残業などの間接的なコストも大きく削減できるに違いない。ちなみにある事務所では、提案書に「一〇〇％」の完成度を求めないようにしたところ、残業時間が三割以上減少したそうである

　そして完璧にこだわり続けるかぎり結局、何もできなくなる。個人としてリスクを冒さなければ何事にも挑戦できないし、企業や社会は進歩も革新もない。また行政も常に一〇〇％の安全性が求められたら、わずかでもリスクのある行為は全面禁止にするだろうし、

たとえ文化的価値が高くても管理瑕疵が問われる可能性がある施設は取り壊してしまうに違いない。

したがって合理的に考えて不可能、もしくは不必要な完璧主義の呪縛から組織も人も解き放つ必要がある。

「完璧主義」の反対は「いいかげん」「てきとう」である。しかし本来、「いい加減」「適当」は適正な案配を意味するのであって、野放図やサボリを指すのではない。客観的な統計データやエビデンスなどに基づいて比較考量し、事の軽重を判断するとともに重要度に応じて取捨選択したり、優先順位をつけたりすることが大切なのだ。それがほんとうの意味での「いい加減」である。

過剰なサービスや食品回収、非効率な意思決定やマイクロマネジメント、メリハリを欠いた仕事などのムダも、それによって大幅に削減できるに違いない。さらにビジネスの革新やイノベーション、社員のモチベーション・アップ、人材の成長といった形で生産性の向上がもたらされるはずである。

†「八〇点主義」の時代

わが国が陥りがちな完璧主義のもろさを象徴する歴史的事例がある。

第二次大戦末期の一九四四年、レイテ沖海戦でアメリカ軍によって撃沈された戦艦武蔵。当時、わが国の最高技術を結集し、巨費を投じて建造された武蔵は「無敵の不沈艦」と呼ばれた。その心臓部は、絶対に壊れないといわれる分厚い装甲板に守られていた。ところがアメリカ軍の航空機から発射された魚雷が装甲板の外側に衝突して、鉄板がめくれ上がり、水の抵抗と浸水で機動力が鈍くなった。そこに魚雷や爆弾を集中的に浴び、あえなく沈没してしまった。

武蔵の装甲板は戦艦による遠距離からの攻撃に耐えられるよう世界一分厚くつくられていたが、航空機から発射される水平方向からの魚雷は想定外だったのである（NHKスペシャル「戦艦武蔵の最期～映像解析 知られざる〝真実〟」二〇一六年一二月四日放送より）。

大艦巨砲主義での完璧性追求にこだわり、軍艦同士の砲撃戦から機動的な航空機による戦闘へという戦略や技術の進化を見落とした（もしくは過小評価した）結果である。

この事例にかぎらず、一方的に範囲を限定して完璧を目指しながら、「想定外」の事態が起きて失敗するのは、わが国の組織や社会が陥りやすい落とし穴である。最近では性能やスペックにこだわる日本の電機メーカーが、性能よりむしろ価格や使いやすさを重視する消費者のニーズをとらえきれず韓国・中国などのメーカーに後塵を拝したのもその例である。

いくら完璧な制度をつくり、完璧な仕事をしたつもりでも組織や社会を取り巻く環境は常に変化している。しかも変化は以前に比べて格段に速く、かつ大きくなっている。その変化に応じて絶え間なく制度も仕事内容も見直していかなければならないわけである。

先にも引用した松丘啓司は、アメリカで仕事の進め方がつぎのように変化してきていると指摘する。

かつてはしっかりとした計画を立て、計画にしたがって製品やサービスをつくり、万全のテストを行ってから市場に出すのが正しい仕事の進め方とされた。しかし現在では仕事の進め方じたいに、より機敏な動きが求められている。とくにインターネットビジネスの場合、新サービスが市場に受け入れられるかどうかは実際に使ってもらわないと判断できないことがほとんどである。そのため最低限の機能を備えたサービスの段階で市場に投入し、顧客の声を聞きながら変更を加えていくという進め方になる。これは完璧な機能を備え、完璧にテストしてから市場に出すよりも時間的に早いだけでなく、成功確率もずっと高くなる（松丘啓司　二〇一六、二八頁より一部改変）。

要するに市場や技術などの外部環境が安定している時代と、それらの変化が激しく不安定な時代とでは、製品やサービスをつくるのにも、ビジネスを展開するのにも違うアプローチが求められるわけである。環境の変化が激しいこれからの時代には、感覚的にいえば「八〇点」くらいの大枠をつくり、細部は走り出してから徐々に詰めていく、あるいは修正していくほうが効率的だといえよう。そもそもリスクや可能性は走り出さないと見えてこない場合が多いからだ。そして、常に「一〇〇点満点」が求められる仕事はＩＴや機械に任せればよい。

「脱完璧主義」は創造や革新に必要なだけでなく、状況変化への適応という面でも不可欠なのである。

第３章
効率化を阻むもの

1 厄介な「工業社会グセ」

†「日本の仕事は半分以上ロボット化できる」

人間の仕事の多くが機械やコンピュータに急速に取って代わられている。さらにAIやIoTが普及すると、それはいっそう勢いを増すだろう。

注目すべきなのは、とくにわが国では人間への代替可能性が大きいと予想されていることだ。

日本経済新聞とイギリスのファイナンシャル・タイムズが共同で行った調査研究によると、日本の仕事の五割強はロボットへ置き換え可能であり、それは主要国のなかで最大だという。とくにわが国では金融・保険、官公庁の事務職や製造業でロボットに適した資料作成など、単純業務の割合が他国に比べて高いそうだ（二〇一七年四月二三日付「日本経済新聞」）。裏を返せば、わが国ではそれだけ効率化が遅れているということである。

しかし、わが国でもフリーランスや個人事業主、たとえば弁護士、コンサルタント、デザイナー、作家、商店主などは仕事の効率化に熱心である。たえず仕事の選別や優先順位づけを行っているし、ムダな作業はできるかぎりなくそうと常に努力している。働き方をみても欧米とはそれほど変わらない。

それが企業や役所などの組織になったとたんにムダが見過ごされるようになる。働き方も欧米とは明らかに違っているし、生産性も低くなる。とくに歴史のある大企業や役所など、わが国特有の仕組みが残っている組織ほどムダが多い。

このことから、わが国の組織に問題があるのではないかと推論できる。

その一つは、私が「工業社会グセ」と呼ぶものである。

†工業社会の「常識」が非常識に

わが国は戦後、奇跡的な復興を遂げ、世界が目を見張るような高度経済成長を実現した。そして石油危機によって高度成長が終焉を迎えたあとも、一九八〇年代にかけ、海外への製品輸出によって大きな利益を獲得し、安定成長を成し遂げてきた。

その駆動力になったのが品質の高さである。

品質管理といえば「デミング賞」で知られるアメリカの統計学者W・E・デミングの影響は大きく、QCサークルをはじめとする改善活動は日本製品の品質を飛躍的に向上させた。しかも改善活動は製造業の生産現場にとどまらず、TQC（total quality control）に看板をかけ替えてサービス業や流通業の現場、さらには管理や総務などホワイトカラーの職場にも広がっていった。

それはある意味において革命的であり、長年にわたって日本の経済・経営を研究してきたR・T・マーフィーは「品質革命は日本が持つ最大の社会的・文化的長所を経済政策の目標達成のために動員することを可能にした」（二〇一五、五一頁）と述べている。もちろん改善活動だけが品質向上をもたらしたわけではない。大企業を頂点とする下請け・孫請けのシステム、アジアを中心にした低コストの生産拠点、それに高い教育水準と勤勉で忠誠心の強い国民などが背景にあって高品質なモノづくりが成功をおさめてきたといえる。

このように「高品質」を生んだ原因は現場の努力だけでなく、企業や産業界全体、さらには教育や社会の制度、慣行、風土にまで根ざしている。だからこそ他国になかなかまねをされず、追随を許さなかったのである。

世界が目を見張るような高度経済成長から、二度の石油危機を乗り越えて安定成長を続ける日本経済の力は揺るぎないものに見えた。

ところが一九九〇年代に入って風向きが変わった。いわゆるバブルの崩壊、そしてIT革命とソフト化、グローバル化の同時進行である。製造現場では人間をはるかに上回る正確さと熟練労働者の技能を取り込んだロボットをはじめ、工作機械、センサーなどが、オフィスや店舗にはコンピュータやインターネット、POSシステムが急速に普及した。それにともない高品質を売りにする日本企業の競争優位が徐々に失われていった。

日本経済は不況に突入し、九〇年代の半ばを境に労働生産性や国際競争力の世界的地位は急落した。それでも日本企業、日本社会は、この低迷をかなり楽観視していた。これまでと同様、やがて日本企業は競争力を取り戻し、経済はV字回復するものと信じていたからである。しかし、そのような期待に反し、「失われた一〇年」は「失われた二〇年」となり、下落した国際的地位はいっこうに上昇する気配を見せない。金融政策や産業政策など政策的な問題や、技術革新の後れといった原因が指摘されているが、それだけではない。

†小さなムダの排除が大きなムダを生む

原因の一つは、日本企業が得意としてきた手法や方法論、それを支える制度の枠組み、さらにはその背後にある教育、社会・文化までが活かせなくなってきたばかりか、逆に負の要因として働くようになったからだと考えられる。

製造現場におけるムダの排除や標準化、効率化の手法は、オフィスにおける意思決定やプロジェクトチームのマネジメント、顧客対応などにはさほど役立たない。モノづくりと違って相手が人である場合、不確実性が格段に大きくなるし、こちらと相手とが相互作用しながら仕事が進められる点もモノづくりとは異質だからである。しかもモノづくりのような客観的で、ある意味において絶対的な成果の基準がない。

それればかりか、目の前の仕事を完璧に処理すべきだという理念や、不良品をかぎりなくゼロに近づけようという改善活動の考え方、それに従業員の勤務態度や仕事ぶりを厳しく管理するマネジメントは、製造現場とは別の種類のムダを生む。第1章で説明したように、細部にこだわる微視的なマネジメントが、突出した意欲と能力の発揮を抑制し、イノベーションを妨げるといったマイナス効果をもたらしている。

このように小さなムダの排除が、結果的に大きなムダを生んでいるケースは少なくない。

そもそも改善活動に象徴される製造現場の生産性向上と、アイデアやイノベーション、ブレークスルーが求められる現在のホワイトカラー職場とは、理念や価値、目標、思考方法などが極端にいえば正反対である。ちなみに改善活動を国際的に普及させたコンサルタントの今井正明は、改善活動とイノベーションの違いについてつぎのように述べている。「カイゼンは、不断の努力の結果として、現状に小さなカイゼンが積み上げられていくことを意味している。他方、イノベーションは、大規模投資により、新技術もしくは新設備を導入した結果として、現状に思い切った改革が加えられることを表している」（今井正明　一九八八年、五六頁）。

改善と革新の違いは、いわばパラダイム（思考の枠組み）の違いであり、前者を「改善（improvement）型」、後者を「革新（innovation）型」のパラダイムと呼ぶことができよう。

†パラダイムの呪縛

物事にはたいてい長所と短所の両面があり、条件が変わると長所が短所になる。したがって条件が変わったとき、パラダイムを転換しなければならない。ＩＴ化やソフト化、グローバル化が急速に進んだとき、「改善型」のパラダイムから「革新型」のパラダイムへ転換すべきだったのである。

にもかかわらず、大胆な転換が行われなかったのには理由がある。

企業のパラダイム転換について経営学者の加護野忠男（一九八八）は、「①過去の成功が大きければ大きいほど、②成功期間が長ければ長いほど、③企業が同質的であればあるほど、④企業の政治的権力が分散していればいるほど、企業パラダイムの革新は難しい」（同、一九五頁）という。

長年にわたる工業社会の繁栄によって培われたわが国の「改善型」パラダイムは、ここにあげられた四つの条件をすべて備えている。「適応が適応を妨げる」という言葉どおり、わが国は工業社会にあまりにも適応しすぎたため、ポスト工業社会への適応が困難だったわけである。

第1章、第2章であげた過剰なサービス、無意味な完璧主義、重箱の隅をつつくようなマイクロマネジメントがいまだにまかり通っているのは、パラダイムの転換がいかに困難かを物語っている。とりわけアイデアや独創性を五段階の減点主義的尺度で評価したり、在宅勤務の実働時間や仕事ぶりを管理するのに頭を悩ませたりするにいたっては、自己矛盾としかいいようがない。「自律型社員」育成のために細かいプログラムをつくってがんじがらめにするのも同じだ。改革する必要があるとわかっていても、改革のための方法論が工業社会モードであり、その方法論自体を見直そうという発想がないことが問題なのである。

しかも、それは企業にかぎった現象ではない。たとえば大学でも「学生を品質保証して社会に送り出すのが大学の責任だ」といった言説がまかり通っているし、会議を削減するための委員会で長々と議論するといったパロディもどきの光景もここかしこに見られる。さらにいうなら授業の回数や学生の出席日数を厳格に管理したり、論文の最低文字数を定めたりするのも、内容より時間、質より量を絶対視する工業社会の価値観がいかに根強いかを物語っている。

そしてこのようなシステムが過去に成功をおさめた実績が頭にあるため、経済政策や産業政策もまた現状維持に重点が置かれる。戦後のわが国では経済と雇用の安定を最優先する「護送船団方式」をとり、参入規制や補助金で不採算部門の延命を図りながら改革を先送りしてきた。このような政策のもとでは、個別企業にとってムダを削ぐ努力を払うより、むしろムダを温存しておくほうが得になることが少なくない。

工業社会の時代についた「クセ」を直すのはそれだけ難しいわけである。

さらに問題を見えにくくしているのは、短期と長期のギャップである。工業社会型（改善型）のマネジメントは多くの場合、短期的には効果があがる。たとえば作業ロスを減らせば一日の生産高は確実に増え、価格を引き下げれば当面の来客は増える。それに対してポスト工業社会型（革新型）のマネジメントは、効果があらわれるのに時間がかかる場合が多い。技術革新が利益に反映されるのは少なくとも数カ月、数年先だろうし、しかも不確実である。

そのため工業社会型マネジメントの効果を過大評価してしまう。したがって、このようなバイアスがかかっていることを認識するところから改革をはじめるべきである。

2　エクスキューズ症候群

†目立つ役所の過剰反応

二〇一七年四月二九日の朝、北朝鮮が同月に入って三回目の弾道ミサイル発射を行った。そのとき東京の地下鉄は安全確認のため、一時運転を休止した。一方、武力衝突になれば「火の海になる」といわれるソウルでは、地下鉄をはじめ市内の交通機関は通常の運行を続けた。そして韓国のマスコミは日本の対応に「失敗したミサイル発射に地下鉄まで止めた」とか「大げさに振る舞う」と報じた（二〇一七年五月一日付「朝日新聞」）。

東日本大震災が起こってから、地震発生時の報道も以前に比べて詳しく、念入りになってきた。震度一程度の地震でもテレビにくり返しテロップを出すし、少し大きな地震になるとNHKは地上放送も衛星放送もすべて番組を中断し、地震関係の情報を流し続ける。

万が一のことを考えて万全を期すべきだというのは、たしかに「正論」に違いない。しかし、常識的に考えたら「そこまでしなくても……」と感じている人も少なくなかろう。政府や報道機関の関係者にも、そこまでやる必要はないと思っている人はいるはずだ。

にもかかわらず「完璧」を期そうとするのは、万が一のときに責任を追及されたくないからである。それだけ世間が不寛容になってきたこと、法的責任を問われるケースが増えてきたことが背景にある。とくにわが国では欧米のようにリスクとコストを比較考量するという社会的合意が形成されていないので、世間は非現実的な無謬主義にこだわり、「完璧」の水準はエスカレートする。当然ながらコストは際限なく膨れあがる。

†「オオカミ少年」の罪

そこに発生するのは、「言い訳」のためのコストだけではない。

人間は物事に慣れる。そしてコストとベネフィット（利益）を常に計算して行動する。コストには金銭やモノだけでなく、避難するたび隣人に迷惑をかけるとか、疲れる、面倒だといった「負の効用」も含まれる。

災害で行政から避難勧告や避難指示が出されても、空振りが続くと無視する人が増えてくる。「オオカミがきた」というデマがたびたび流されると、ほんとうにオオカミがきたときにだれも逃げず襲われてしまうという話がある。それと同じで、リスクが小さくて避難するメリットが乏しいと判断されたら、避難勧告や避難指示などは「ないのと同じ」になってしまう。

実際、地震発生後に津波警報や津波注意報が出されても、津波はやってこないことが多い。東日本大震災の二日前に東北の三陸沖で発生した最大震度五弱の地震でも津波注意報が発表されたが、津波はほとんど観測されなかった。それが住民に誤った教訓を与え、二日後の大地震で被害を拡大した可能性がある。

形骸化して危険性が増している例はほかにもある。

たとえば市販の薬品や工具などを購入すると、細かい字でぎっしりと埋まった説明書が同封されている。安全に服用・使用するために必ず読むように記されているが、実際に読んでいる人がどれだけいるだろうか。読まなければ、危険性についてまったく説明を受けていないのと同じだ。売る側の責任逃れ以外の何ものでもない。

✝完璧主義は悪意に弱い

さらに、「言い訳」のための完璧主義には別の問題もある。それは、悪意による攻撃に弱いということである。

第1章で触れたように、販売した製品の一つに異物が混入していただけで食品メーカーは数十万、数百万個という製品を回収し廃棄する。スーパーやファストフード店でも問題のある商品が発見されたら販売を中止する。

そこへつけ込んで理不尽な要求をするクレーマーやモンスター、さらにはわざと異物を混入させて写真や動画を撮影し、ネットで拡散させるというような悪事を働く輩もいる。いずれも完璧主義、無謬主義の弱点を突いた犯罪、もしくは犯罪類似行為である。

社会的な影響の甚大さという点では、もっと大きな危険性さえはらんでいる。

学校や公共施設、イベント会場などにはしばしば爆破予告の電話がかかる。すると責任者はたぶんいたずらだとわかっていても、万が一のことを考えて休校やイベント中止などの措置をとらざるをえない。そうしないと、たとえ何事もなかったとしても世間から無責任だと非難されるからである。

しかし、考えてみてほしい。あってはならないことだが、かりに大学入試の当日に各地の受験会場に爆破予告の電話がかかったらどうなるか。おそらく受験生はもちろん全国の大学は大混乱に陥る。また新幹線や飛行機に爆発物を仕掛けたという電話がたびたびかかってきたら、社会の機能が麻痺してしまうだろう。その被害額、損失たるや想像を絶する。

要するに、「空振りを恐れるな」とか「万全を期して」というと聞こえはよいが、度を超すと実質的な意味を持たなくなるばかりか、場合によってはとてつもないコストが発生するということを見逃してはならない。組織や社会の危機管理の面からも、常にコストとベネフィットを冷静に比較し、判断する必要がある。

非現実的な完璧さや無謬さを求めることが、完璧や無謬どころか人や社会を多大なリスクにさらし、社会システムを崩壊させるような結果をもたらす恐れがあることを知っておくべきである。

†責任逃れのコンプライアンス

「責任逃れ」のための無意味な完璧主義やリスク回避は、組織のなかでもいたるところにみられ、それが大きなムダの源泉となっている。

近年、多くの組織で人々を悩ましているのが、コンプライアンス（法令遵守）関連の行事や事務の増加である

コンプライアンス一般についての研修から、パワハラ・セクハラ防止、個人情報保護、ストレスチェック等々、つぎからつぎへと研修や講習、調査などが増えていく。いずれも、とりあえず実施しておけば「免罪」されるので形式主義に流れているケースが多い。「疲れを感じるか」「一生懸命働かなければならないか」「よく眠れないことがあるか」といった質問項目が並ぶストレスチェックを受けさせられると、単なる形式的な実績づくりに協力しているような空しさを感じずにいられない。

「責任逃れ」や「言い訳づくり」はほかにもたくさんある。しかも、それが意識されないままマネジメントの根幹に巣くっている。

たとえば、社員の採用や昇進に際して多くの資格要件やハードルを課し、人事評価で細かい項目を設けるのは、それが必要だと考えられているからだとはかぎらない。それよりもむしろ採用した社員が問題を起こしたり、昇進させた人が期待どおり役割を果たせなかったりしたときに言い訳ができるからである。

とくに組織のなかでは上下関係があるので、部下にとっては万が一ミスをすると人事評価に響いたり、制裁を受けたりする。しかも減点主義のわが国では、リスクを冒して新しいことに挑戦するメリットは小さい。したがって、ムダだとわかっていても安全第一の立場をとらざるをえないのである。それが組織の上から下まで連鎖している。「エクスキューズ症候群」はそれだけ深刻だ。

3 非効率を自己目的化する人たち

†効率化を妨げる大義名分

「安心・安全」「ぬくもり」「絆」……。ムダの削減、効率化を阻止するため、「錦の御旗」にしばしば記される言葉である。人々の不安や素朴な感情にうったえるこのような言葉は、日本人の間ではドライな「効率化」よりも受けやすい。

世の中にはムダを削減し、効率化すると不利益を被る人がいる。彼らはさまざまな理由、大義名分を持ちだして抵抗する。効率化によって自分の職が奪われ、実際に身の安全が脅かされる人たちがそれに反対するのは当然だが、ムダや非効率の存在によって間接的に利益を得ていた人たちもまた効率化に抵抗する。

私たちの身の回りには、簡単に効率化できることがたくさんある。けれども手つかずのまま残っている。

電子メールですむところをわざわざ郵便で送るとか、立ち話ですむのに会議を開く、だれも読まない会議資料をつくるのに多くの時間を費やす、といったことが普通に行われている。またオフィスのファイルを共有し、書類を一元管理するだけでも事務量は大幅に削減できるのに、古い体質の組織ではやろうとしない。改善するのが面倒なだけでなく、事務が効率化されると自分たちの仕事がなくなるからである。

とくに役所や伝統的な大企業では、組織のなかに効率化と逆行するメカニズムがいたるところに隠れている。

たとえば残業が多い部署には人員が増やされ、人員が多い部署の管理職は格が高いとみられる。逆に努力して残業を減らせば余裕があるとみなされ、人員が削減される場合がある。そのため、ときには組織ぐるみでわざと非効率な仕事のやり方を温存しているようなケースがある。

また第1章で指摘したとおり、わが国では成果や能力より「がんばり」を評価するような風土がまだ残っている。それを制度化したものが、いわゆる情意考課である。さらに、すべてを総まとめにした「総合評価」にも主観や裁量が入りやすい。日本の企業や役所では個人の仕事の分担が不明確な場合が多いので客観的な成果で評価することが難しい。そのため、どうしても「がんばり」で評価しがちになる。部下の側からすると、がんばっているところを示すには仕事を効率的に片づけるより、遅くまで残業していたほうが得だという計算が働くのは当然だろう。

そして、いうまでもなく残業すれば手当がつくので収入も増える。とくに恒常的に残業が行われているような会社では実質上、残業手当が生活給の一部になっている。そのため社員の側が残業削減に反対するケースもしばしば見られる。本来は生産性を向上してその成果を社員に分配すべきであり、本末転倒であることはいうまでもない。当然ながらそこで行われているのは必要な残業ではないし、質の高い労働でもない。

†サロン化する会議

こうした社員の非効率な働き方を改善するのは本来、管理職、そして経営者の役割であるはずだ。ところが彼らもまた、自分の既得権を守るため効率化に及び腰になる。

仕事が効率化して業務量が減り、人員が減少すれば役職ポストも減らされる。それは直接、管理職の地位を脅かす。さらには上位の職位への昇進機会を少なくする。そのため、ミドル層がさまざまな理由をつけて効率化に反対する。

典型的な例が組織のスリム化、フラット化への抵抗である。

人件費の削減のみならず、事務量の削減や意思決定の迅速化、上下のコミュニケーションの円滑化、それに現場へのエンパワーメント（裁量権の拡大）を進めるうえでも、肥大化したミドル層をスリムにし、組織の階層を減らしてフラットな組織に変えることが必要だといわれるようになって久しい。また部署が増えすぎて横のコミュニケーションが悪くなり、組織が「タコツボ化」する弊害も指摘され続けている。

ところが企業でも役所でも、スリム化、フラット化はなかなか進まない。進まないどころか、いったん取り入れたグループ制を廃止して課長制に戻したり、補佐役を復活させたりするなど、組織改革の流れに逆行しているケースも少なくない。

スリム化、フラット化への主な反対理由はつぎの三つである。

一つは、管理職や補佐役のポストを減らすと、残った管理職の負担が増えること。二つめは、それによって部下の指導や育成に手が回らなくなり、部下が不安をうったえるということ。そして三つめは、若手がマネジメントの能力を身につける機会が減ること。

いずれももっともらしい理由である。しかし、フラット化と部下への権限委譲を同時に行えば解決できるはずである。部下に権限委譲し、裁量権を与えれば管理職の負担は減るし、部下は不安を抱かなくなる。もっとも、それまで上司の指図どおりに動いていた部下に、急に自分の判断で仕事をしろといっても、不安をうったえるのは当然だろう。しかし改革が後戻りしないことを確信させ、一定の期間がたてば不安も消えるに違いない。また三つめの理由も、管理職の仕事を簡素化すること、そして昇任当初に見習い期間を設けるなどすればすむ話である。

結局、スリム化やフラット化への反対理由はお為ごかしや方便を含んでいて、ほんとうの理由は管理職自身の地位と待遇、影響力を守るところにあるのは明白だ。

もちろん、だからといって彼らの地位と待遇を一方的に奪うのは乱暴すぎる。社員の能力活用とモラール維持の面からも望ましくない。最も現実的なのは、組織をスリム化、フラット化する一方で、管理職から外れた人にもそれなりの権威と待遇を保障しながら、新たな仕事の担い手として活躍してもらう道を探ることだろう。あるいは逆に分厚いミドル層のなかから逸材を引き抜いて、新規事業や戦略策定、他社との交渉・提携など「攻め」の仕事をさせるという方法もある（詳細については太田 二〇一六などを参照）。

役職ポストの多さだけが問題なのではない。

処遇目的で設けられた役職に就いている人たちは、自分たちの存在感を示すためにいろいろと理由をつけて余分な仕事をつくる場合がある。思いつきで部下に資料をつくらせたり、新たな会議を開催するようにしたり、「ホウ・レン・ソウ」に必要以上の時間をかけさせたりする。当然ながら部下もそれに巻き込まれて余分な仕事は倍増する。

さらに問題なのは、わが国の組織には会議や打ち合わせに時間をかけて楽しむ文化が残っていることだ。いわば会議のサロン化である。参加者はワイワイガヤガヤ話し合っていると仕事をした気分になり、三〇分ですむところを二時間かけたとか、結局結論は持ち越しになったという例は少なくない。なかにはいつも長広舌をしたり、存在感を示すために必ず一言付け加えたりする人がいる。本人にとっては会議の場が「ハレの舞台」になっているわけである。

また役員層や顧問、相談役などを含め、いわゆる閑職に就いている人のなかには、会議に出てしゃべることだけを楽しみにしている人もいる。

このように会議そのものが目的化していると、効率化が進むはずがない。

†非効率は伝染する

ここにあげたように仕事の効率化が進まない背景には、すでに述べたように効率化して残業が減ると予算や人員が削減される場合があるし、超過勤務手当をあてに残業する人の存在や、職場のサロン化といった裏事情もある。それ自体が問題なのは当然だが、より深刻なのは、それが組織全体につぎのような悪影響を及ぼすところにある。

山本勲・黒田祥子（二〇一四）は同一企業内で海外赴任した管理職を対象に、赴任前後で労働時間がどう変化したかを分析している。分析の結果、仕事量や労働法制の違いを考慮しても、ヨーロッパに赴任した日本人は現地同僚から影響を受けて労働時間が短くなることが明らかになった。

この事実を逆に解釈すると、日本企業の長時間労働にはやはり多くの「ムダ」が含まれており、それはわが国の職場風土によってもたらされているということになる。

それと符合する意識調査もある。労働政策研究・研修機構の「働き方の現状と意識に関するアンケート調査」(二〇〇五年実施)では所定労働時間を超えて働く理由について聞いているが、一〇・三%の人が「上司や仲間が残業しているので、先に帰りづらいから」をあげている(三つ以内の複数回答)。

また有給休暇を残す理由についても、同じく労働政策研究・研修機構の「年次有給休暇の取得に関する調査」(二〇一〇年)によると、「休むと職場の他の人に迷惑をかけるから」(六〇・二%)、「職場の周囲の人が取らないので年休が取りにくいから」(四二・二%)、「上司がいい顔をしないから」(三三・三%)という回答が上位に入っている(複数回答)。

とくに日本企業では周囲の影響が長時間労働を蔓延させている現実が浮かび上がる。それにはいくつかの理由がある。

まず日本人が周りの目を気にし、周囲からの影響を受けやすいということ。それについては文化人類学や比較社会学などで古くから指摘されているので説明は省略する。

もう一つは拙著（太田　二〇一七）で指摘したように、組織の構造上、個人が組織や集団から「分化」されていないことである。「分化」されていないので、会議や打ち合わせにたくさん時間を取られるし、周りのペースに引きずられて残業せざるをえないケースも多くなる。また自分だけがんばって要領よく仕事をこなしても早く帰れないので、仕事を効率化しようという意欲もわきにくい。

さらに、それとも関係するが、人事評価では「協調性」や「チームワーク」の名のもとに周囲と合わせる行動が求められる。しかも、そこでは実質的に他者と協力できるか、チームに貢献しているかというより、周囲と同調行動をとるか、波風を立てないかといった表層のレベルで評価される傾向がある。

社員のなかには効率的に仕事をこなして成果をあげたい人や、ムダな時間を削って早く帰りたい人もいる。しかし集団的執務体制と集団行動を評価する環境のもとでは、改善意欲に欠ける人の巻き添えになりやすい。しかも仕事の効率化が人員・予算の削減といった形でかえって所属長の利益に反したり、会議がサロンと化すなどムダを楽しむ空気があったりする場合には、「反効率化」の圧力はいっそう強くなる。

†内部昇進の経営者は効率化に消極的

ミドル層にこのような「反効率化」の動機が隠れていると、その影響が部下に及ぶことはいうまでもない。さらに、その影響は人の異動を通して上方向にも波及する。

わが国では欧米と違って企業別組合が主流である。そして組合のリーダーが将来、経営幹部に就くケースが多い。また内部昇進の経営者が多いのもわが国の特徴である。ちなみに東証一部上場企業のトップ経営者のうち内部昇進者が占める割合は、二〇一四年一〇月末時点で七〇％に達している（谷川寿郎 二〇一五）。

内部昇進の経営者には、いわば会社共同体の代表者という性格がある。そして、内部から経営層へ昇進するには当然、ミドル層をはじめ社員の支持を得ていることが必要だ。

実際、ミドル層や労働組合が経営層の人事に影響を与えているケースもある。吉村典久（二〇一二）の企業統治に関する研究では、日本企業では労働組合や部課長クラスが経営者の任免や監視に影響を及ぼしている事例が少なくないことが明らかにされている。

したがって経営者といえども、組織に大きなメスを入れることは容易でない。つまりムダの排除、効率化推進のリーダーであるべき経営者の行動にもまた、それと逆方向の力が働くわけである。

さらに大胆なムダの排除、効率化を行わなくても許されるような環境の「生ぬるさ」もある。

わが国ではこれまで、敵対的な買収を防止し、安定した経営を行うため複数の会社が相互に株式を持ち合ってきた。そのため欧米企業に比べて会社経営に株主の力が働きにくい。このような立場におかれている経営者は、大胆なリストラを行ったり、社員の反対を押し切って合理化を推し進めたりするより、大過なく任期をまっとうしようという意識が強くなりがちだ。

要するに日本企業では組織のトップから末端にいたるまで、組織を効率化するより会社共同体を維持することで利害が一致する。少なくとも内部から強力に効率化が進められる構造にはなっていないのである。

第 4 章

ムダを根本から絶つには

1　「改善」から「革新」へのパラダイム転換を

†仕組みを変えればムダはなくせる

　第1章、第2章で詳しく論じたとおり、とくに近年わが国の組織、社会にはある種のムダが目立つようになってきた。それが生産性や国際競争力の相対的な低下をもたらす一因となっている。

「ムダ」のなかには人々の習慣や職場・社会の慣行、そして文化によってもたらされているものが少なくない。しかし、「文化の違い」だといってしまえば、ムダをなくすことはあきらめなければならない。文化はそう簡単には変えられないものだからである。

しかし、よく観察してみると「文化の違い」だといわれてきたことも、背後にある組織や社会の「仕組み」が深く関わっている場合が多い。

たとえば過剰ともいえるような顧客サービスとか、小さなミスやわずかな不良品も許さない几帳面さは、単一尺度による競争がもたらしたものといえる。そして単一尺度による競争が利益を度外視してエスカレートするのは、参入・退出が容易でないことと関係している。そうでなければ新たなビジネスモデルを武器にした新しい企業が参入して競争が多次元化したり、過当競争で利益を生まない分野からは多くの企業が撤退したりするはずだからである。

また日本人は集団主義で周囲との協調を重んじるので「付き合い残業」が多くなり、周囲に気を遣って休みも取らないといわれるが、これも単なる文化の問題として片づけるのは短絡的すぎる。むしろムダな残業や非効率な働き方は、組織の仕組みと深く関わっていることに注目すべきだろう。

個人の仕事の分担がはっきりと決まっていないので会議や調整に多くの時間を取られるし、一人ひとりが仕事の進捗を管理できない。そして仕事をいつ終えられるかは周囲の人のペースに依存するので、仕事を効率化しようというモチベーションも生まれにくい。さらに分担が不明確だから周囲の目が気になって帰りにくいし、周りに迷惑がかかるのを気兼ねして休暇が取れないという問題も出てくる。

つまり個人が組織や集団から「分化」されていないところに根本的な原因があるのであ

る（太田　二〇一七）。

　このように日本文化に根ざすものとして半ばあきらめられてきた問題も、実は組織の仕組みに起因していることがわかれば対策も打てる。日本の企業、日本の社会でも仕組みを変えればムダは減らせるわけである。

　ただ、仕組みの背後にはもっと大きな「構造」が横たわっていることに注目すべきである。その構造にこそ効率性、生産性を左右する秘密が隠されている。

　そこで本章では、わが国特有の組織・社会の構造にスポットを当て、仕事の効率化、生産性向上の道筋を探りたい。

†なぜ「改善」ではだめなのか

　かぎられた条件のもとで業績を上げるには、生産性を上げるしかない。

　これまで日本企業の製造現場では、より品質の良い製品を、より低いコストで生産するため一丸となって仕事の効率化、生産性の向上に取り組んできた。ＱＣサークルや提案制度などの改善活動はその象徴であり、ＫＡＩＺＥＮという言葉はそのまま海外でも使われるようになった。そして改善活動は製造現場にとどまらず、サービス、販売、事務などの部門にも取り入れられていった。「改善型」のアプローチが日本企業全体を席巻したのである。

しかし、製造現場で大成功を収めたQCがTQCへ、そしてTQM（total quality management）へと、現場から離れ経営階層にまで対象を広げると、その神通力は鈍っていった。ホワイトカラーの職場、とりわけ研究開発、企画、経営管理などの部門においては、アイデアの創出、判断、洞察といった要素が重視される。そして仕事のロジックもインセンティブの内容も製造現場とは大きく異なる。そのため「改善型」アプローチが通用しないのである。

さらに通用しないばかりか、しばしばそれがムダの原因にもなる。たとえば前出の今井（一九八八）はQCサークルの改善努力を測る基準として、「毎月開かれる会合の回数」「参加率」「解決案件数」「提出された報告書の数」などをあげているが（七五頁）、これらは今日、ホワイトカラー職場におけるムダの代表例とでもいうべきものである。

そして一九九〇年代に入ってIT化、ソフト化、グローバル化が急速に進行し、定型的な業務が機械やコンピュータに代替されるようになると、わが国の優位性は急速に失われていく。労働生産性や国際競争力、企業の利益率などが他の主要国と比べて低くなったのはそのあらわれである。一方では、主要国のなかで突出して長い正社員の実質労働時間は社会問題化しているにもかかわらず、いまだ週に一度の「ノー残業デー」さえまともに実行できないありさまだ。

さらに視野を広げるなら、第1章で指摘した商品を損益ギリギリまで安く売る価格競争や、過剰包装、過剰サービスも「改善型」アプローチの延長線上にあるといえる。既定路線の上で「より安く」「よりていねいに」「より早く」を追求した結果だからである。

それらが膨大なムダを発生させる一方、必ずしも生産性の向上につながっていないのは、わが国が得意としてきた「改善型」アプローチに限界があることを示している。

ホワイトカラーの生産性を上げるためには、仕事の取捨選択、リスクとベネフィットの比較考量、論理的な「飛躍」、個人の裁量による判断、メリハリの利いた働き方などを必要とする場合が多い。いわば複眼的、多元的思考が欠かせないのである。現に第2章第3節で紹介したように「効率化先進国」ドイツでは、付加価値の低い事業からは撤退し、仕事の細部より大枠を重視する経営を行っている。またコストとの兼ね合いでミスや不正の防止を図る手法を取り入れている。

これらはいずれも「改善型」ではなく「革新型」のアプローチによるものといえる。そして労働時間を削減しながら生産性を高め、グローバルな競争を勝ち抜くという、わが国が直面している難題を解決するにも、仕事の枠組みや組織そのものを根本から変える「革新」的な発想こそが必要になる。

†モチベーション・アップも「革新型」で

社員のモチベーション・アップにも「革新型」のアプローチが求められる。

従来の「改善型」アプローチでは、生産性を上げるために「もっとがんばれ」「全力を出せ」という話になる、あるいは、せいぜい「やり方を工夫しろ」とか「仕事に集中しろ」という程度である。やはり努力の方向が一元的であり、複眼的、多元的な思考が欠けている。現在の延長線上でいくらがんばっても工夫しても、生産性を飛躍的に向上させることはできないし、私生活を犠牲にして仕事に全力投球したら報われるともかぎらない。

意外なことに、がんばらないほうがかえってモチベーションは上がるケースが多い。がんばることにも精神的・肉体的な苦痛がともなうので、それが無意識のうちに前向きなモチベーションの足を引っぱるからである。また、私生活を優先させたほうが仕事へのモチベーションを高めることも多い。心おきなく、そして新鮮な気持ちで仕事に取りかかれるからである。時間がかぎられているほうが仕事に集中できるという面もある。

私生活を重視する欧米、とりわけヨーロッパの主要国では仕事に対する限定的関与、すなわち仕事第一主義ではない生き方を前提にしている。そのためドイツ、フランスやデンマーク、スウェーデンなどの企業では、仕事を最優先しなくても効率的に働き、質の高いモチベーションが発揮される仕組みを取り入れているところが少なくない。それと比較してわが国の働き方をみると、私生活を犠牲にしながらがんばって働いているにもかかわらず生産性があがらないというより、長時間がんばって働いているから生産性があがらないのだという皮肉な姿が浮かび上がる。まさに「やる気のパラドックス」である。

「改善型」と「革新型」の理念やアプローチは調和しないばかりか、むしろトレードオフ（二律背反）の関係にあることが多い。しかもＩＴ化、ソフト化がいちだんと進み、ＡＩやＩｏＴが広く普及する第四次産業革命によって、トレードオフはいっそう顕著になる。微視的な視点からは見過ごされがちな〝大きなムダ〟をなくしていくには、「改善型」から「革新型」へのパラダイム転換が絶対条件だといえよう。

2　個と全体の綱引きが効率化を進める

†ムダを排除するのは「内圧」と「外圧」

問題は、効率化をどう進めるかである。その原動力は何かを考えてみたい。

欧米はもちろん、アジアやオーストラリアなどの国々でも、激しい競争環境に置かれている企業では意外にも残業がそれほど多くない。有給休暇も一〇〇%近く取得されている。日本と対照的だ。

たとえば労働時間の法的規制が比較的緩いアメリカや香港などでも、大企業ではホワイトカラーを含め繁忙期を除きあまり残業は行わない。現地の日系企業でも、現地の従業員には基本的に残業をさせないという。

その大きな理由は、残業が多いと人材が確保できないからである。興味深いのは、とくに競争が激しい業界ほど、優秀な人材を確保しなければならないので残業は最小限に抑えられていることだ。そのため仕事の効率化に力を入れている。日本では競争が激しい業界ほど残業が増える傾向にあるのとまさに対照的である。

一方、ドイツやフランス、デンマーク、オーストラリアなどの国々では労働条件の法的規制が厳しい。またヨーロッパでは伝統的に産業別・職業別労働組合が発達している。近年はその組織率が低下傾向にあるものの、依然として労働組合が中央での交渉をとおして賃金や労働時間の決定に大きな影響を及ぼしている。それがまた労働者に有利な法的規制の制定を後押しする。

ただし、このように産業別・職業別労働組合が強力な影響力を持つのは、企業の枠を超えて労働者としての連帯が存在するからである。その連帯は、企業横断的な労働市場が存在するところから生まれる。労働者は所属する企業より、電気技術者、鉄筋工、セールス・スペシャリストといった職業に一体化しているのである。

要するにアメリカやイギリス（その影響が残る香港も）ではどちらかというと市場原理によって、ドイツやフランス、デンマーク、スウェーデンなどは法律・労働組合の力によって賃金や労働時間をはじめとする労働条件が向上・維持されているといえよう。

これはA・O・ハーシュマン（一九七五）の「退出」（exit）と「告発」（voice）に相当す

る。組織の構成員が不満を解消するには、「退出」すなわちそこから出て行くという方法と、「告発」すなわち不満をうったえて改善させる方法とがある。英米型はどちらかというと「退出」が、ドイツ、フランスなどの大陸型は「告発」が効果を発揮している。

企業の立場からすると、賃金や労働時間の圧力が強いことは経営にとってマイナス要因である。また残業させた場合の割増率も一般に日本より高いうえに、国や地域によっては未消化の有給休暇を企業が買い取るよう義務づけられている。その一方で、欧米企業は規制緩和でいっそう激しくなった企業間競争を勝ち抜かなければならない。しかもグローバルで産業や業種の垣根を越えた市場のなかでは、あらゆる方向からライバルが参入し、生き馬の目を抜くような激しい競争にさらされる。そのため予定調和的な「改善型」の努力では通用しない。つねにイノベーション、ブレークスルーを追求しなければならないのである。

このように欧米企業は労働者の側からの「内圧」と、グローバルな競争という「外圧」の両側からの圧力にさらされ、否応なくムダの排除、効率化を迫られたわけである。それは近年、グローバルな市場に進出してきた一部の中国企業、韓国企業も同じだ。ついでにいえば欧米の場合、労働者自身が経験するワーク（仕事）とライフ（私生活）の葛藤もまたムダの排除、効率化の原動力となっている。

†生産性向上で労使対立を回避

歴史を遡ると、それはF・W・テーラー（一九六五）の「科学的管理法」に行き着く。一九世紀中頃までのアメリカでは主として経験や勘による経営が行われており、そのマネジメントは「成り行き管理」と呼ばれた。そこに客観的で科学的根拠のあるマネジメントを持ち込んだのがテーラーである。

労働者の立場からすると、いうまでもなく賃金は高いほうがよい。逆に経営者（使用者）の立場からすると労務費は低いに越したことはない。したがって前提が変わらなければ、両者の対立関係は解消されない。しかし前提を変えれば、その対立は回避できる。

高い賃金と低い労務費という相対立する労使の要求を同時に満足させるカギが、生産性の向上である。生産性すなわち投入したインプットに対するアウトプットの比率を上げれば、労働者は高い賃金が得られるし、経営者は単位あたりの労務費を下げることができる。

そこでテーラーは、大きく分けて二種類のことを行った。一つは、労働者の意欲向上であり、もう一つが仕事の効率化である。仕事への意欲（モチベーション）を高めるために取り入れたのが「差別出来高制」という賃金制度であり、一定の出来高（標準出来高）を超えると高い賃率（出来高あたりの賃金）が適用される。ただ、その「標準出来高」は恣意的に決められてはならず、労使の利害から離れた客観的なデータに基づいて決められる必要がある。

そこで行われたのが「時間・動作研究」であり、これこそが徹底した効率化の追求にほかならない。一見複雑に見える作業も単純な要素動作に分解できるという仮定のもとに、一流の作業者が最もムダのない動作をしたときにどれだけ時間がかかるかをストップウォッチで測定した。それに基づいて「標準出来高」を決定したのである。

また彼は、それまで一人で行っていた仕事の「計画」と「実行」の機能を分離し、計画は経営者が、実行は労働者が行うよう役割分担したり、現在の職能別組織につらなる職能別の監督者を置いたりするなど、徹底して仕事の効率化を図った。

背景にあるのは、労働者と経営者、個人と組織のせめぎ合いである。労働者はできるだけ短い時間働いてできるだけ高い報酬を得ようとし、経営者はできるだけ大きな利益をあげようとする。対立する両者が唯一合意できるのが生産性の向上であり、それが徹底した効率化をもたらすのである。

†圧力の弱さがムダを許してきた日本企業

ここで、あらためてわが国の現状に注目してみよう。

日本的雇用慣行は崩れつつあるとはいえ、少なくとも中堅以上の企業では終身雇用制や年功序列制の大枠が残っている。とくに大企業の多くは規制をはじめ有形無形の政策的庇護のもと社員の雇用を保障し、恵まれた待遇を提供している。そのため企業は雇用流出への危機感が乏しい。とりわけ待遇が高水準で雇用も安定している大企業や銀行、官公庁などは、従業員が辞めていくリスクがきわめて低い。一方、残業など労働時間の規制は、いわゆる三六協定にも抜け穴があるため骨抜きにされ、実質上社員を無制限に働かせることができた。

このように欧米企業と違って日本企業は「内圧」、すなわち労働者側からの「退出」「告発」のプレッシャーを強く受けずにすんだ。度を超した長時間労働や顧客への過剰なサービスなどは、「内圧」の弱さに甘えながらライバル企業と競争する企業行動の一断面だといえよう。

では、「外圧」すなわち企業間競争はほんとうに強かったのか?

たしかに業界で勝ち残るため「一〇円でも安く」「一時間でも早く」「少しでも愛想よく」と企業同士がしのぎを削る姿は、競争がいかに激しいかを物語る。しかし、少し視野を広げてみると実は競争はそれほど激しくなかったのではないかという、真逆の解釈ができそうだ。

わが国ではいまだに規制に守られた産業が多く、新たな企業の参入が難しい。そのうえ国内市場の比率が高かったこともあり、競争圧力もそれほど強くなかった。また、くり返し述べているとおり株式の持ち合いやメインバンクの存在によって、株主からの圧力も制限されていた。それどころか前章で指摘したように、官公庁、それに政府の庇護が厚い一部の産業では効率化すると逆に損をしたり、自分の首を絞めたりするような仕組みが残っている。

いずれにしても比較的緩い「外圧」のおかげで競争も一定の範囲に限定され、それが「革新」への努力を鈍らせ、価格、時間といった単一次元上の努力を続けさせたのではないか。

つまり日本企業は、欧米企業などに比べると「内圧」「外圧」ともに弱いため、それが結果的にさまざまなムダを温存する余地を残してきたといえよう。第1章と第2章では具体的なムダ、非効率の例として社内における非効率な会議、意思決定の仕組み、重箱の隅をつつくようなマイクロマネジメント、社会的には過剰サービス、部分最適化した完璧主義、非現実的な無謬主義などを指摘したが、これらはいずれも厳しい圧力が不足したために生じたものと考えられる。

圧力が弱ければ当然、非効率な意思決定や行動に対して、なかなか歯止めがかからない。たとえばコンプライアンスの強化という至上命令が下された場合でも、内外圧力が強い組織では生産性との兼ね合いで合理的・効率的な方法が模索されたり、「行きすぎ」にブレーキがかけられたりする。ところが官公庁や大企業、銀行などでは際限なく手続きが煩雑になり、大きなムダが生じているケースがある。ちなみに同じ役所でも市町村より県庁、県庁より国の地方機関に非効率が残存しているケースが目立つのは、内外圧力の弱さが関係していると考えられる。

†「改善」から「革新」へ

内外圧力の強さと仕事のムダが深く関係することを裏づける事例はたくさんある。

二〇一一年の三月、東日本大震災で発生した東京電力の原発事故を機に全国の原子力発電所が運転を停止した。それによって電力供給量が低下し、公共施設だけでなく企業もそろって節電に取り組んだ。一時的だったとはいえ大企業でも社員が定時でいっせいに退社する姿を見かけたのは記憶に新しい。

一方、グローバル化は企業の外側からだけでなく内側からも変革の圧力を生む。

グローバル展開している日本企業では近年、外国人の採用を大幅に増やしており、社員の二割、三割が外国人という企業も少なくない。外国人社員からはしばしば日本式の非効率な会議や意思決定に疑問が突きつけられ、それが見直しのきっかけになるという。

また大企業も最近は単独での生き残りが困難になり、新興企業や海外企業と合併するケースが増えてきた。そして合併を機に、膨れあがった中間管理職のポストが整理されたり、人事や仕事の古い慣行が見直されたりすることも多い。

企業だけではない。財政難に直面する自治体では組織のフラット化や管理職の削減を行うところが増えている。二〇〇七年に全国で唯一、財政再建団体に指定された夕張市では管理職の相次ぐ退職が直接の原因だったとはいえ、財政破綻前の五部、一七課・三室、三〇係から部がなくなり六課・一室、一九係（二〇一七年七月現在）にまで削減された。また意思決定は課長決裁のものを、その下の専決ですむよう規定を変更した。やむにやまれぬ改革だったが、最近は若手・中堅職員の自発的・自律的活動も目立つようになり、自分たちでワーキンググループをつくり、仕事の合理化に取り組む姿も見られるという。

ところで、ムダの排除という面から見逃せないのは、継続的な内外の圧力が、やがてムダ排除の「次元を上げる」ということだ。

企業が組織内外の圧力にさらされていると、高い品質や完璧な仕事、細やかなサービスも、それに要するコストに見合ったメリットがあるかどうかが問われる。しかも競争の範囲が広く、激しければ漸進的な「改善型」アプローチでは追いつかず、イノベーション、ブレークスルーを追求する「革新型」アプローチが必要になる。いわゆる「ハイリスク・ハイリターン」で追求せざるをえないのだ。裏を返せば大胆な革新が起きないのも、実はそれを促すプレッシャーがないからだというケースが多い。

したがってムダを根本から減らしていくには、規制改革やグローバル化の推進などによって企業への「外圧」を強めるしかない。そして、もう一つのポイントはつぎに述べる「内圧」である。

3 避けて通れぬ労働力の流動化

†人手不足でサービスを見直す企業が続出

宅配便のサービスは、配達日指定、午前・午後指定、時間帯指定、それに不在の場合には無料で夜間まで再配達するなど、つぎつぎとサービスを拡大していった。ところが近年、ネット通販が急増したこともあって需要が急増する一方、過酷な労働環境を敬遠する労働者が増えたため配達員が不足し、やむなくサービスを見直さざるをえなくなった。

宅配便最大手のヤマト運輸は二〇一七年、昼前後の配達時間帯指定を廃止したり、指定時間の間隔を広げたりするなどサービスを縮小し、同時に二七年ぶりの配達料値上げにも踏み切った。一方、佐川急便では運転手を確保するため週休三日制を取り入れ、休日の副業も認めることにした。

またコンビニエンスストアやレストランは二四時間営業が当たり前という時代になって

きているが、そこでもサービスを見直す動きがある。たとえばロイヤルホストは二〇一七年に二四時間営業を廃止し、すかいらーく、それにマクドナルドも二四時間営業の店舗を減らした。営業時間の短縮だけではない。デニーズは客席を回ってコーヒーを注ぐサービスを続けてきたが、人手不足からそれを見直し、代わりにセルフ式ドリンクバーを全店舗に設置するという。

仕事が忙しいというイメージから敬遠されがちなコンビニやスーパーでは、値札の貼り替えや商品の発注業務を簡略化したり、セルフレジを取り入れたりしている。

人材確保を契機にした仕事の効率化は、製造業にも広がっている。

グローバル企業のなかには優秀な人材を確保するため、思い切った自動化で仕事を効率化する動きもある。海外売上げ比率が八割以上を占める精密機械メーカーの日本電産は、永守重信社長自身が元日の午前中以外は休まないというほどのモーレツ企業として知られていた。その日本電産も方針を一転し、二〇二〇年までに残業ゼロを達成することを目標に掲げ、実現のため一〇〇〇億円を投じて生産性の向上を図ろうとしている。

製造部門にはロボットを使った最新鋭の設備を導入し、開発部門ではＡＩやスーパーコンピュータを用いて開発期間の短縮を図る。また事務部門ではソフトウェアやテレビ会議を活用して効率化を進めるという。強力なリーダーシップとカリスマ性を備えた永守社長ならではの改革計画だといえる。

第1章で述べたようにわが国ではライバル店との間でサービス拡大の競争が激しく、それが過剰なサービスによる労働条件の悪化、生産性の低下、そして社会的にも大きなムダ、資源の浪費を招いてきた。それにブレーキがかからなかったのは、欧米に比べて組織と個人の緊張関係が弱かったからだと述べた。

ところがここへきて、わが国でも労働力不足から労働条件の厳しい職場では必要な人手が確保できなくなり、非効率なサービスを見直すようになったのである。そしてサービスの現場でも、ロボットやセンサーが積極的に導入されようとしている。こうした事実は、ムダの削減、仕事の効率化、生産性の向上にとって労働市場からの圧力が大きな要因であることをはっきりと裏づけている。

民間企業だけではない。病院の看護師（当時は看護婦）等を対象にした育児休業法は一九七五年に制定されたが、「看護師等の育児休業を求めたのは労働組合からではなく、国立病院の看護婦不足に悩む厚生省サイド」だった（濱口桂一郎 二〇一五、一一五頁）といわれている。

†「退出」できないと「告発」も無力

注目されるのは待遇改善のきっかけが労働市場からの圧力であり、労働組合ではないという点である。このことはわが国の労働組合が、欧米のような交渉力を持たないことをあらためて印象づけている。

すでに述べたとおり、わが国では終身雇用・年功序列の雇用慣行があるため、企業別組合が圧倒的に優勢である。労使協調の企業別組合では人事異動に近い形で組合に出向して専従となり、一定年限後は復職する。組合リーダーとしての経験と能力を買われて、後に経営幹部となる者も多い。それだけ所属企業に一体化しているからこそ、企業に対する圧力は限定されたものとなり、企業の枠を超えた労働者としての団結もあまり期待できないわけである。

前述したように、労働者が労働条件に不満を抱いたときにとりうる方法には「退出」と「告発」の二つがあり、どちらかというと英米型は「退出」、大陸型は「告発」が優勢である。しかし、大陸型でも「告発」が有効なのは背後で強力な産業別・職業別労働組合に支えられているからであり、それは流動的な労働市場の存在なしにありえない。

逆にいうと、「退出」という最終的な手段が使えない「告発」は無力なのである。とくに大企業で働く社員の場合、転職すると給与をはじめ待遇は大きく悪化するのが普通だ。したがって「退出」という手段はよほどのことがないかぎり使わない。だからこそ企業としては社員をほぼ無制限に残業させ、辞令一つで国内外どこへでも転勤させることができたのである。

けれども社員が辞めないという緊張感のなさは、大小さまざまなムダを温存する。そして仕事の効率化、とくに大胆な「革新型」の生産性向上を怠らせ、最終的には企業経営にもマイナスの影響を及ぼすことが多い。

山本勲と黒田祥子（二〇一六）は、①離入職率（離職者数と入職者数を足したものを雇用者数で除した率）、②離職率、③中途採用超過率（中途採用率－新卒採用率）という雇用の流動性をあらわす三つの指標と企業業績（利益率）との関係を大量のデータで分析した。その結果、両者の間には逆U字型の関係があり、日本企業の多くは流動性が低すぎることを明らかにしている。

注意すべき点は、労働力の移動は同一業種内にかぎらないということだ。コストをぎりぎりまで切り詰めても収益が上がらず、給料も上がらないような業種からは人材が去っていく。だからこそ企業は「革新」を迫られるのだ。

わが国のように労働市場の圧力が働かないことは、企業にとって短期的にはプラスのように見えても、長期的には生産性向上の機会を失い、グローバルな競争力を低下させる。また「退出」が難しいことは、解雇が困難で中途採用もしにくい現状とセットだということを見逃してはならない。企業としては必然的に余剰な雇用を抱え込むことになるし、必要な人材を迅速に獲得するのも難しい。

それが生産性向上の足かせになることは否定できない。また人員削減が難しいためＩＴの導入が遅れ、生産性向上を妨げているという指摘もある。雇用保障が厚く容易に人員を削減できないので、生産性向上のためにＩＴ化を進めることが容易ではないのである（乾友彦「経済教室」二〇一七年六月二六日付「日本経済新聞」）。

このように閉鎖的な労働市場は、企業にとってもマイナス面が多いということがわかる。

ところで、流動性が必要なのは労働者層だけではない。圧倒的に内部昇進が多い日本の経営者は株主の利益より会社の内側、すなわち経営の安定や雇用の維持を優先し、リスク回避的に行動する。日本の経営者は海外の経営者から「決断しない」「挑戦しない」「変革しない」としばしば批判される。それは「大過なく」任期をまっとうしようとする姿勢のあらわれだろう。

政府の試算によると、わが国の労働力人口は二〇一三年の六五七七万人から、現状のままなら二〇六〇年には三七九五万人へと三〇〇〇万人近く減少する。かりに出生率が回復し、女性がスウェーデン並みに働き、高齢者が現在より五年長く働いたとしても五五二二万人と現在より一〇〇〇万人ほど減少することになる（内閣府「選択する未来」委員会資料）。さらにグローバル化、ボーダレス化は今後いっそう進むに違いない。そうなると思い切った「革新」による効率化と、大きなムダの排除なくして競争を勝ち抜くことはできない。

カエルを熱湯に入れるとあわてて飛び出し難を逃れるが、水に入れて徐々に熱すると飛び出るタイミングを逸し、ゆであがってしまう、という「ゆでガエル」の話は有名である。それと同じように、「内圧」「外圧」の弱さに甘えて大胆な効率化、ムダの排除を先送りしていると、悲惨な状態に陥ることは必定である。

4　カギは「女性の就労」に

†失業のリスクをどれだけ負えるか

これまで述べてきたようにムダを減らして生産性を高めるには、組織と個人との緊張関係が必要である。わが国の場合、とりわけ「内圧」すなわち人材が流出するという危機感の薄さが生産性向上の努力を中途半端にとどめたと考えられる。したがって企業が生産性向上に本腰を入れるかどうかは、雇用の流動化にかかっているといっても過言ではなかろう。

けれども雇用が流動化すれば働く人にとっては、転職しやすくなり不満を抱えながら職場に留まる必要がなくなる反面、失業のリスクも当然大きくなる。問題は、そのリスクを受け入れられるかどうかである。

正社員にかぎっていえば、わが国は主要国のなかで最も解雇が難しいといわれるほど雇用が厚く保障されている。また政策的にも、雇用の維持を最優先してきた。それはわが国の場合、失業が即、本人と家族の生活を脅かすからである。

一方、欧米では一定の条件のもとで企業に解雇の自由を認めるのと引き替えに、人々が転職しやすい社会を築いてきた。

では、なぜわが国ではそれができないのか？

その理由は、失業が生活の危機に直結する働き方にある。具体的にいうと夫が正社員として働き、専業主婦の妻が家庭を守るという生活モデルである。わが国では高度成長期に都市への労働力移動と核家族化が進み、夫が外で働き妻は家庭を守るという標準的な世帯像ができあがった。夫は会社から家族を養う給与と手当、社宅などを与えられる代わりに転勤や長時間労働もいとわず、企業戦士として猛烈に働かなければならなかった。生活全体が夫の勤める会社に依存していたわけである。

それに対して女性は結婚もしくは出産と同時に退職し、専業主婦となるのが普通だった。育児を終えた後に再び就職しても、パートタイマーなど非正社員として家計補助を目的に働くにすぎなかった。

もっとも状況は少しずつ変化しており、若年層を中心に結婚・出産後も働くのが当たり前という意識が浸透してきている。そして年齢別にみた女性の労働力率が出産・育児期に落ち込む、いわゆる「M字」カーブも徐々に底が浅くなっている。たとえばM字の底にあたる三〇代前半の労働力率は、一九八五年に五〇・六%だったのが、二〇一五年には七一・二%まで上昇している（総務省「労働力調査」による）。それでもなお労働力率がうっすらとM字状を呈していることは、専業主婦がいまなお相当の割合を占めていることをあらわしている。

ちなみにアメリカをはじめ欧米でも、かつては日本と同様に専業主婦が多数を占めていたが、いまではほとんどの国で男女の共働きが普通になっている。

†共働きで生活のリスクが半減する

結論を先にいえば、わが国でも共働きがさらに広がり、文字どおりの標準的世帯になることがすべてを変える起点になる。

男女共働きであれば、かりに夫婦のどちらか片方が失業しても生活が極端に悪化することはない。そのため勤務先に不満があれば、「退出」するという選択肢も使えるようになる。単純にいえば、転職にともなうリスクが半分になるわけである。

わが国ではしばしば、手厚い社会保障のもとでゆとりある生活を送るスウェーデンやデンマークなど北欧諸国がユートピアのように語られる。しかし、かりにそれを目指すとしたら、やはり男女共働きが絶対条件である。共働きなら給与水準は高くなくてもそれなりの収入が得られ、高福祉を支える高い税率や社会保障の負担にも耐えられる。また失業のリスクを受け入れるなら、転勤せず、自分の専門性にこだわったキャリア形成もできるようになる。

会社に対して対等な交渉力が得られるわけであり、ある意味でドライな関係のなかで働くことができる。さらに旧来の価値観やムダの多い職場慣行に染まっていない女性が大量に職場へ進出することで、仕事の方法や働き方の改革が加速する可能性もある。

企業にとっては社員の解雇が容易になる反面、転居をともなうような転勤や長時間の残業はさせられない。そうなると徹底してムダを省き、効率化しなければ企業は生き残れない。けれども、前述したようにそれが生産性の向上につながるなら企業にとっても、労働者や社会にとっても悪いことではなかろう。

専業主婦型モデルを解消すれば転職が容易になり、転職が容易になれば仕事の効率化、生産性の向上が進む——というのは「風が吹けば桶屋がもうかる」式の因果関係が薄い話のように受け取られるかもしれない。しかし、欧米だけでなく中国や東南アジアもいまでは共働き社会であり、いずれの国々でも急速に生産性を向上させている。

大事な点は、それを個人や夫婦、あるいは個別企業の選択だけに委ねていてはいけないということだ。長時間の残業や転居をともなう転勤などを受け入れられる専業主婦（夫）世帯の男性（女性）だけが社内で、あるいは社会的に優遇される。言い換えれば共働き世帯が競争上不利になるような現実が残る以上、共働き型モデルへの移行は容易に進まない。共働き世帯を標準にすえ、組織や人事制度、それに社会システムも設計し直すことが必要だといえよう。

第 5 章

モデルは中小企業にある

1　中小企業に注目する理由

†意外に多い、欧米企業との共通点

「わが国は労働市場も雇用システムも欧米などと大きく異なるので、同じようにムダを排除し、仕事を効率化するのは無理だ」。そういわれるかもしれない。しかし、はたしてそうだろうか？

実はわが国にも改革のモデルが存在する。しかも、それは例外的な企業ではない。企業数において圧倒的な比率を占める中小企業がそれである。

興味深いことにわが国の中小企業が置かれている条件は、日本の大企業よりもむしろ欧米、とりわけヨーロッパの企業に類似している点が多い。

まずあげられるのは、企業に対する「外圧」が強いことである。大企業の下請け、孫請けになっている企業は、納期や納入価格の圧力にさらされる。一方、独立した経営を行っ

ている中小企業は、ライバルの中小企業に加えて大企業とも競争しなければならない。その結果、倒産や廃業のリスクも大企業とは比べものにならないほど大きい。

また知名度や待遇の低さから、なかなか必要な人材が採用できず、離職率も高いなど「内圧」も強い。とりわけ労働力が売り手市場の時代には、労働条件が悪い企業はへたをすると人手不足倒産にまで追い込まれかねない。さらに中小企業では地域に定住している社員が多いため、大企業のように転居をともなう転勤を命じることもできない。

つまり大企業と比べてはるかに内外圧が強く、常に真剣な生産性向上の努力を迫られているのである。

つぎに働き手の側に注目してみたい。

本書でいう「内圧」とは社員が辞めるかもしれないというプレッシャーであり、それが生産性向上のための効率化、ムダの排除につながる。しかし、前節で指摘したように日本の大企業では、いまだに世帯主が一家の生活を支えるスタイルが暗黙の前提として残っている。そのため社員は転職というリスクを冒しにくい。

しかし中小企業の場合、大企業に比べて給与水準が低いこともあり共働き世帯が多い。それだけ働く側にとっては転職のリスクが小さく、転職のハードルが低いわけである。

このように地域に根を下ろして生活し、夫婦それぞれが比較的条件のよい職場を選びながら働くというのが、典型的な中小企業の労働者像である。そして、それはドイツやフランス、北欧諸国などヨーロッパの典型的な労働者像と類似している。裏を返せば、日本企業の特殊性といわれるものの大半は、日本の大企業の特殊性だということである。

したがって、わが国でも中小企業のなかには徹底したムダの排除、仕事の効率化を行っているところが少なくないはずだ。私はそう考えて中小企業に目を向け、注目すべき企業には自ら足を運んで取材した。

†社員の離職、人手不足への悩みから出発

不況で就職難の時代にも、大企業と違って中小企業はなかなか必要な労働力を確保できない。まして好景気で大企業が採用を増やすと中小企業はそのあおりを受け、採用難に拍車がかかる。

そして、せっかく採用しても短期間のうちに辞めてしまうなど社員が定着しないことに悩む企業が多い。

ちなみにリクルートワークス研究所が二〇一八年三月に大学・大学院を卒業予定の学生

を対象として二〇一七年二～三月に行った調査によれば、従業員五〇〇〇人以上の大企業では求人倍率が前年の〇・五九倍から〇・三九倍へと低下しているのに対し、従業員三〇〇人未満の中小企業では前年の四・一六倍から六・四五倍へ上昇し、格差はいちだんと広がっている。

また厚生労働省のデータによると、新規大卒者の三年後離職率は一〇〇〇人以上の事業所では二割台前半であるのに対し、五～二九人、三〇～九九人の事業所ではそれぞれ五割前後、四割前後と高い。

このように中小企業が直面している内外圧のなかでも、とくに深刻なのは人手不足であるといっても過言ではない。そのため多くの企業は一方で人材を獲得し定着を図ること、他方ではかぎられた労働力で生産性を上げることをねらって業務の効率化、ムダの排除に懸命に取り組んでいる。

つぎに、注目すべき事例を取りあげてみよう。

2　成功している「働き方改革」

†「残業ゼロ」への挑戦

いま働く人々の関心を集めているのは、やはり労働時間である。とりわけ女性の場合、家事や育児との両立という面から残業の多い職場は避ける傾向がある。また短時間勤務や柔軟な勤務時間、あるいは在宅勤務などのニーズも大きい。そのため女性がたくさん働いている中小企業では、残業の削減や労働時間の柔軟化に熱心に取り組んでいるところが多い。まず最近の新聞記事から二つの会社の事例を見てみよう。

オリジナルブランド「マナラ化粧品」の開発・販売をするランクアップという会社（本社　東京）がある。従業員四五人のほとんどが女性で、岩崎裕美子社長を含め子育て中の人が半数を占める。

同社ではもともと勤務時間を午前九時〜午後六時に設定していたが、二〇一一年に発生した東日本大震災後の節電で終業時刻を三〇分繰り上げ、さらに仕事が終わったら午後五時に帰ってもよいことにした。

残業をなくし「定時帰り」を実践するため、ムダな仕事はしないという取り組みをはじめた。理由もなく続けていた仕事や、自社でやらなくてもよいような仕事を徹底的に見直し、「システム化」「外部委託」「他の社員にお願いする」「やめる」などに振り分けた。また、社内資料は作りこまない、会議は三〇分、社内メールで「お疲れ様です」は使わない、社内のスケジュールは勝手に入れる、担当部署が明確でない仕事は少数精鋭のプロジェクト化で効率化、企画段階のヒアリングを徹底することで致命的な問題の事前把握、という六つのルールを徹底した（二〇一七年一月二三日付「毎日新聞」デジタル版）。

過酷な労働環境で知られるＩＴ業界でも、効率化によって大幅な残業の削減に成功している企業がある。

コンピュータによる計算業務の受託やソフトウェア開発などを手がけるユーシステム（本社　神戸市）も従業員二〇人のうちほぼ半数が女性で、フレックスタイムや在宅勤務など家庭の事情に合わせて働いている。

この会社では、社員全員がアクセスするウェブ画面に取引先との打ち合わせや書類の作成、企画提案から商談成立にいたるまで進行中の案件の詳細が記され、チームで情報を共有し担当者の急な休みにも対応する。それによって業務のムダが減り、特定の人に仕事が集中することもなくなったという。さらに残業を自己申告制にして定時退社日も設けた結果、残業は月一〇〇時間を超える人もいたのが一人平均一六時間にまで減少した（二〇一七年六月三日付「神戸新聞」）。

女性中心の職場だけではない。男性社員が多い職場でも効率化によって残業をなくしている会社は少なくない。

私が訪ねたヱビナ電化工業（本社　東京）もその一つである。

各種素材へのメッキを手がける同社は、カリスマ的存在だった先代社長が急逝し、二〇〇九年に海老名伸哉現社長が会社を引き継いだ。当時はリーマンショックの影響もあり、経営は厳しい状況にあった。そもそも東京は地価も人件費も高いので、生産性をあげる必要がある。そこで海老名社長は会社を自分たちで考える集団に変えようと中期経営計画を策定し、組織や働き方の改革に取り組んだ。

まず「社長の自分がいなくなっても事業が回る会社にしたい」という思いから組織改革

に着手し、開発部、生産本部などラインの長に権限と責任を与え、部下にははっきりと指示が伝わるようにした。一方では社員のワークライフバランスを推進するため、子育て中の社員にはテレワークを導入したほか残業を申告制にし、残業に見合う付加価値があるかを社員に説明させている。それが残業の削減に効果を発揮し、勤務時間は午前八時から午後五時までだが、五時半には社内にほとんど人がいなくなっているという。

✝なぜ働き方の多様化、柔軟化が成功したのか

海外では多くの企業が短時間正社員やフレックスタイム、テレワークなど多様で柔軟な働き方を取り入れているが、日本の大企業では導入がなかなか進まない。かつてフレックスタイムや裁量労働を取り入れた企業のなかで、近年撤回する事例が目立つほどである。その点、中小企業のなかには多様で柔軟な就業形態を取り入れている企業が少なくない。

人材紹介や教育研修・セミナーなどを行うＬｉＢ（本社　東京）では正社員、契約社員合わせた約五〇人が多様な就業形態で働いている。たとえば「メンバーショップオプション制度」という制度を使うと、週四日勤務すれば副業もＯＫ。なかには他の会社を経営する人やフリーランスの人もいる。また育児や介護と両立しやすいよう、短時間勤務や在宅

勤務もできる「ファミリーシップオプション制度」も取り入れている。

　同社は二〇一四年の設立当初、とにかく優秀な人材を確保して事業を軌道に乗せることが必要だった。しかもエンジニアやデザイナーなどウェブ専門職のほか、カスタマーサポート、クライアントサポートなど多様な職種の人が一緒に働く。さらに子育て中の社員が多数いる。多様な勤務形態を導入したのには、このような背景があったからである。

　ただ一般論として、多様な働き方を取り入れると社員の間で不公平感が生まれやすいものだ。とくに日本の大企業のように長期雇用のもとで何事においても横並びが当然という風土のもとでは、ちょっとした有利不利が不満の元になる。その点、この会社では全員が中途採用なので待遇のベースが異なるうえ、家事や副業など別の世界をもつ社員が多いので、差異が深刻な問題になることはないという。ダイバシティには人間関係の深刻なトラブルを防止する面があることを裏づける実例としても興味深い。

　人材が多様であれば、多様な働き方も取り入れやすい。そのことを示す例はほかにもある。レーザー専門商社の日本レーザー（本社　東京）は、「理念を共有して成果を出してもらえば、勤務形態が他者と違ってもかまわない」（近藤宣之社長）という考え方から、個別対応で雇用契約をしている。週のうち三日は在宅勤務で七時間働き、二日は会社で四時間働くという特殊な勤務形態の嘱託雇用契約社員もいたが、現在は一日七時間勤務の正社員課長になっている（標準は一日八時間勤務）。正社員も育児や介護、自分自身の病気療養時に短時間勤務制度を利用することができる。

同社の場合にも、もともと人材が多様だったことが背景にある。かつて会社が経営破綻して人材不足になったとき、ハローワークをとおして応募してきたのは高齢者や外国人留学生、海外からの帰国者たちだったという。そのため自然な形でダイバシティ経営が行われており、それが理念を共有して業績に貢献するならば勤務形態にこだわらないという会社のポリシーにつながっているのである。

すでに述べたように欧米ではホワイトカラーを実質上、時間や場所で管理しない会社が増えているが、わが国でも中小企業では同様の動きが少しずつあらわれてきているのは注目される。

✝リモートワークを支援するツールも活用

働き方の多様化、柔軟化を支援する有力なツールが各種の情報通信システム・機器である。そもそも在宅勤務やモバイルワークはインターネットやパソコン、携帯電話の普及によって可能になった。

先に紹介したＬ：ｉＢでは、働く場所も時間も違う人たちが互いに連絡や調整を行うため、社内のコミュニケーションチャネルとしての「slack」、会議の議事録や業務マニュアルなどが共有できる「Qiita」など、さまざまなコミュニケーション・ツールを活用している。

ただ同社の場合、顧客サービスの業務を抱えるため、働く時間や場所の調整に難しい面がある。その点については、スカイプやＬＩＮＥで顧客と連絡を取るとか、面談は昼間に行うといった工夫をしているという。

ＩＴが時間や場所にとらわれない働き方を推進した理由は、単にコミュニケーションがとりやすくなったためだけではない。事務を効率的に処理するソフトウェアが開発されたり、周辺業務を切り離してアウトソースしたりできるため、一人である程度まとまった仕事をこなせるようになったことが大きい。組織で働いていても、いわば自営業に近いような働き方ができるわけである。それが在宅勤務やモバイルワークを推進しているもう一つの要因である。

さらに中小企業の場合、すでに述べたように慢性的な人手不足がＩＴの積極的な活用を後押ししていることも見逃せない。経営者だけでなく社員にとってもＩＴ化がプラスになるからである。

「副業容認」の意味するもの

「働き方改革」のもう一つの目玉として副業や兼業の拡大があげられている。

日本企業は労働時間が長いうえに、個人を組織に囲い込む体質が残っている。そのため、たとえ明確な理由がなくても社員の副業（兼業）を認めていないところが大半である。

その大企業でも近年、社員の副業を容認するところがあらわれてきた。とはいえ、その例は数えるほどであり、しかも副業の条件が厳しいうえに対象となる副業の種類がかぎられているなど制約が多い。したがって本格的なものとはいいがたいのが現状だ。

一方、中小企業には社員の副業を容認している企業が多い。リクルートキャリアが二〇一七年一月に行った調査でも、社員の兼業・副業を容認または推進している企業の割合は、従業員数三〇〇人以上の企業では一九・五％であるのに対し、従業員数一〇〜四九人の企業では二五・四％と四社に一社が容認または推進している。

しかも先のL・iBをはじめ、細かい制約なしに副業を認めている企業は少なくない。

インターネット関連事業を行うエンファクトリー（本社　東京）は、「専業禁止」という衝撃的なキャッチフレーズで話題になった。この会社では二五人ほどの従業員のうち約一〇人が副業を実践している。加藤健太社長によると「専業禁止」は制度というよりポリシーに近く、運営上は二つのルールだけが決められているという。一つはすべてガラス張りにし、社内でオープンにすること。もう一つは会社のミッションは一人前にこなすことである。

このように中小企業のなかに副業を認める企業が増えている背景には、いくつかの理由がある。

まず情報・ソフト系の企業が増加していることがあげられる。一般に工場労働や事務作業などの場合、副業を認めると残業をさせにくいとか疲労が残るといったマイナス面が多い一方、メリットは少ない。それに対して情報・ソフト系の仕事では労働時間と生産性の結びつきが弱いうえに、副業することが自社での仕事にプラスとなる場合がある。

エンファクトリーの加藤社長も、社員の副業にはつぎのようなメリットがあるという。

第一に、外で仕事をすることによって経営者の目線に変わり、人材が大きく育つ。費用をかけずに社員研修を行っているようなものである。

第二に、情報やビジネスのネタなどが得られ、そこから新規事業や新規サービスが生まれる。一部の大企業が近年取り入れているオープンイノベーションと同じような役割を果たすわけである。

第三に、能力を身につけておけば、将来が不確実な時代を生きていくうえでプラスになる。

そして社員が独立しても、会社にとっては人的資産が関係資産に移るだけで会社と個人の「相利共生」が保てるという。

さらに私は、副業容認はある意味で日本の組織風土に適しているのではないかと思う。共同体的な性格が強い日本企業では待遇はもちろん、仕事の割り当てや執務環境まで平等でないと社内に不満がでやすい。そこで組織のなかでは差をつけない代わりに、外では自由に羽ばたかせるわけである。そうすれば、会社としては一方で平等主義を維持しながら、他方で社員には実力を発揮し有形無形の報酬を獲得するチャンスを与えられる。

人材確保に大きな成果

すでにのべたとおり、中小企業が仕事の効率化、ムダの排除に積極的な最大の理由は厳しい内外圧にさらされているからである。とくに人材確保に悪戦苦闘する企業のなかには、残業の削減や就業形態の多様化・柔軟化など「働き方改革」に積極的に取り組んでいるところが少なくない。

その取り組みに一定の効果があることは、つぎのような実例が物語っている。

先に紹介したエビナ電化工業では、かつては入社後半年くらいで辞める社員が多かったが、現在は入社後五年以内に辞める人はほぼいなくなった。また出産後に復職する人も少なくないそうである。四〇％を超えていた離職率がゼロになったという企業もある。

機械化によって肉体的な負担を減らすことで女性の職域を拡大した企業や、高齢者が年齢に関係なく働けるようになった企業もある。

それまで採用できなかった人材が応募してくるようになったとか、新たな人材を活用できるようになったというケースもある。

地方の中小企業のなかには大卒者が欲しくても採れない会社が少なくないが、実力主義で若くても昇進させるとともに、業務を効率化して専門の仕事に専念できるようにしたところ大卒者が応募してくるようになったという会社がある。とくにベンチャー系企業のなかには、有名大学・大学院の出身者を獲得し、プロとして活躍する場を与えている企業が少なくない。またテレワークを取り入れて、地方に眠っていた人材、あるいは結婚退職後、地方に移り住んだ元社員を活用している企業もある。

ハード面の改革だけではない。ある会社では多国籍の社員を活用するため、外国人の文化や習慣を尊重し、社内の面倒な制度や手続きを廃止して成果をあげている。

そして注目されるのは、特定層をターゲットにした改革がほかにも波及効果をもたらしている事例が多いことだ。

たとえば現在いる女性社員が働きやすい環境を整えたところ、育児休業後に復職する人が増え、女性の応募者も増加した。同時に男性社員の定着率も向上したという例がある。また、ある会社では若手社員の定着を図ったところ他の年齢層でも定着率が高まり、会社の売上げも上がったそうである。

このように人材の確保という面にかぎっても、特定層をターゲットにした改革が連鎖的に波及効果を生んでいる例が多い。さらに仕事に対するモチベーションや会社への帰属意識といった働き方の「質」への好影響も含めれば、「働き方改革」を促進する効果はいっそう大きいはずだ。いずれも、突き詰めれば厳しい内外圧力がもたらす成果だといえよう。

3 「組織のムダ」はこれだけ減らせる

†仕事の仕分けで本業に専念

仕事の効率化、ムダの排除は単に労働時間を短縮したり、働きやすくしたりすることだけが目標ではない。企業経営の立場からは社員の意欲を駆り立て、能力を引き出すため、組織の構造そのものにメスを入れることも必要だ。しかし大企業では共同体型組織の恩恵を受けているさまざまな既得権者の抵抗が強く、サラリーマン経営者は改革を断行できない。また外では独占的な地位や規制に守られ、内側では社員が離職するリスクが小さいので生産性向上への差し迫ったプレッシャーもない。

それに対して中小企業は企業間の競争圧力が強いうえ、採用難、人材流出のリスクにも常にさらされている。そのため少しでも生産性を上げようと組織や仕事の仕組みを変える努力をしている企業が多い。

その一つが周辺業務を効率化し、コアの業務に専念させることである。

ウェブコンサルタント業などを営むペンシル（本社　福岡市）は業務領域が広く、コンサルタントが本来の業務に専念できないという悩みを抱えていた。そこで、報告書の作成や調査などの業務は集約してアシスタントに任せ、コンサルタントは本来の考える仕事に専念できるようにした。一方、アシスタント的な仕事は非属人的できちっと工数化できるので、集約すると生産性が上がり長時間労働の是正にもつながった。

このように業務を切り分けて別職種の人に担当させる方法のほか、機械化する方法もある。

機械加工や表面処理などを業務とするHILLTOP（本社　宇治市）は徹底した製造システムの機械化により、社員には知的労働に専念させている。

同社では、かつて仕事の大半を占めていた単純量産の業務をやめ、マシニングセンターやNC工作機械を早くから導入した。そして「多品種、単品、無人化加工」に特化した業務を行っている。工場は製造業というよりサービス業のようなイメージである。社員はコンピュータに向き合ってシステム開発やプログラミングを行っており、現場の仕事も機械のメンテナンスが中心である。このようなシステムを導入した結果、生産性は格段に向上し、優秀な若手人材がたくさん採用できるようになったという。

†「組織のムダ」排除とエンパワーメント

もう一つは組織のスリム化、フラット化である。

第3章で述べたように、大企業では処遇のための管理職層が肥大化し、人件費など直接的なコストを膨らませている。そればかりか意思決定に時間がかかったり、部下の仕事に対する過剰な干渉が現場の意欲を低下させたりする弊害も指摘されている。にもかかわらず、地位や報酬など既得権が絡んでいるので改革は容易でない。

それに対して中小企業では、そもそも非効率な組織を維持する余裕がないうえ、オーナー経営者は強力なリーダーシップを発揮しやすい。そのため組織の階層も管理職の数も最小限に絞られている企業が多い。また、そういう企業では現場の第一線で仕事をする社員への権限委譲も進んでいる。

ITコンサルタント会社のISAO（本社 東京）は二〇一〇年、赤字が常態化するなど経営が悪化し、マネジメントが機能不全に陥っていた。人事制度のモニタリングを行ったところ、組織のビジョンが不明確でコミュニケーションも不足していることが判明したため、経営改革に取りかかった。その一環として行われたのが組織のフラット化、情報のオープン化による中間管理職的な仕事の撲滅である。

二〇一〇年当時、同社の組織は典型的なヒエラルキー（階層）型でマネジャーは二二人いたが、二〇一四年には九人にまで減らし、役職手当も廃止した。そして翌二〇一五年には管理職ゼロ、階層ゼロの完全にフラットな組織を実現し、柔軟に形成・運営されるたくさんのプロジェクトチームが仕事の基本単位となっている。このような組織改革によって同社の経営はV字回復を遂げたという。

先に取り上げた日本レーザーも、社員に自主性と裁量権を与えるかたわら間接部門はギリギリまでスリム化しており、従業員四九人の組織に本社部門には三人の管理職しかいない。人員を減らすと仕事の負担が増えるのではないかと心配になるが、「人を減らせば精鋭になる」と近藤社長は断言する。

組織のフラット化やスリム化は意思決定を迅速にし、かぎられた人材を有効に活用することを目的に行われるケースが多い。とくに注目されるのは、階層が減り役職者が減少した結果、組織の末端にいる社員に重要な仕事が回ってきて、仕事上の裁量権も大きくなることである。それが社員の成長とモチベーション・アップにつながるのは明らかだ。管理職の地位を離れた者に対しては、相応の待遇を保障したうえで「外向き」の仕事、たとえば新規事業の開拓や対外的な交渉、それに企業の戦略策定会議の一員として活躍してもらえばよい。

†中小企業こそ企業革新のリーダーに

わが国の平均的な中小企業は、大企業の下請けなど従属的な地位を反映するかのように、組織やマネジメントも大企業を模倣し、それに追随してきた。

私は二〇〇〇年前後に関西のベンチャー企業を対象に、組織やマネジメントのアンケート調査を行った。そこで明らかになったのは、多くのベンチャー企業が技術やビジネスの面では革新的であるのとは裏腹に、組織やビジネスの面では意外にも保守的であり、大企業の小型版とでもいえるような制度を備えていたことだ（太田　二〇〇一）。

それはわが国の場合、ベンチャー企業の起業家といえども中高年になるまで大企業や中堅企業に勤め、一定の財と経験を蓄積したうえで起業するパターンが多いという特徴を反映している。彼らは起業する際、どちらかというと不得手な組織やマネジメントについては、出来合いのもの、とりわけ元いた会社のシステムをモデルにしたのである。

とはいえ、なかには勤務時間や働く場所を自由にして報酬の決定に市場原理を導入している企業や、社員のスピンアウトを支援してモチベーションとイノベーションを刺激している企業など、ベンチャーらしい組織やマネジメントを取り入れている例も存在する。本章で取り上げた企業も、ある意味では中小企業の置かれた不利な条件を逆手にとってムダの排除、仕事の効率化を成し遂げている。

要するに本気でムダを排除し、効率化しようと思えばできるのである。

これまで中小企業は技術やビジネス手法だけでなく、組織やマネジメントも大企業に範を求め、それを自社風にアレンジしながら取り入れるというのが通例だった。しかし大企業や役所では、ホワイトカラーの職場を中心に多くのムダや非効率を抱えていて、それが生産性や国際競争力の低下を招いている。

そこで、いまは逆に大企業や役所こそ先進的な中小企業に学ぶべきではないか。中小企業と同じような危機感を抱き、効率化が社員の利益にもつながることを理解させれば、ここで紹介したような改革や新しいシステムの導入は決して困難ではないはずだ。それがポスト工業社会、グローバル化の時代に生き残るための近道だろう。政府もまた、雇用の流動化と夫婦共働きを同時並行で推進するとともに、先進的な中小企業をモデルにした政策を打つべきである。

おわりに

「ちゃんと、ちゃんとの日本人」。海外では日本人の口癖を半分揶揄して、こういわれるそうだ。「ちゃんとする」ことは日本人の特徴であり、誇りだった。同時にそれは工業社会のエートスであり、明治以来、長期にわたる工業化の進展とあいまって製造現場からオフィスなど他部門へと広がり、さらには生活態度や教育の目標になるまで浸透していった。

やや単純化していうなら、工業社会では自分たちの領域で「完璧」を目指すよう求められ、かつそうすればよかったのだ。外部との関連性やコストなど他の要素との兼ね合いはとりあえず度外視されたわけである。

ところがポスト工業社会に入ると、それが通用しなくなる。情報やサービスはモノと違って目に見える形がなく、境界もない。考慮すべき要素は膨大に膨らみ、事の軽重を判断したり、優先順位をつけたりすることが重要になる。そしてグローバルな時代には世界がシステムとして連動し、相互に作用し合う。そうなると「ちゃんとする」こと、すなわちかぎられた範囲で完璧を追求する姿勢が、分野によっては逆にムダや非効率を生むケースがでてくる。

過大包装や過剰サービス。非現実的で無用な完璧主義。「念入りに」という名目で膨大な時間と労力が浪費される会議や稟議制。膨れあがった中間管理職による重箱の隅をつつくようなマイクロマネジメント。

これらは本書で指摘したムダの典型例だが、いずれも全体最適の視点が欠けているため、自分の持ち場ではよい仕事をしているつもりでも、視野を広げてみると逆に大きなムダを発生させているのである。いわば工業社会のエートスを誤った形で引き継いでいるわけであり、私はそれを「工業社会グセ」と呼んでいる。もっとも、なかには単なるクセにとどまらず、「ちゃんとする」ことに名を借りて既得権の温存を図っているケースも少なくない。

いずれにしても「ちゃんと、ちゃんと」が口癖になるほど「工業社会グセ」は組織のなかに深く、広く根を張っている。自発的な改革は期待薄だ。したがって、クセを直すには組織の内外から圧力を加えるしかない。

わかりやすいたとえ話をしよう。同じ家に長い間住んでいると、たいていモノがあふれてくる。いらないから捨てようと思っても、家族それぞれが「もったいない」とか「思い出の品だ」とかいって捨てさせない。しかし狭いマンションに引っ越さなければならなくなったら、ほんとうに必要なものだけを持っていき、ほかのものは捨てざるをえない。捨てるときは名残惜しくても、しばらくたったら家のなかはスッキリして使い勝手もよく、家族みんなが「捨ててよかった」と思う。

したがって家のなかのムダを省くには、ときどき引っ越しをすればよい。それと同じように組織のなかのムダを省くには、あえてグローバルな競争が激しい分野や人材の獲得が難しい地域に進出するといった戦略が有効かもしれない。

何事でもそうだが、内側からだけでは長所も短所も見えにくいものだ。とくにここで述べたような「部分最適」は視野を広げて見ないとなかなか気づかない。

そこで私は本書の執筆を意識しながらドイツ、フランス、デンマーク、スウェーデン、アメリカ、オーストラリア、香港、シンガポールなどの企業や役所を訪ねた。そこでは日本との比較のために聞き取りや観察を行うとともに、外部の視点から日本の組織・職場についても語ってもらった。さらに改革のヒントが身近にあることを知ってからは、国内の中小企業を取材して回った。

調査に快く応じてくださった経営者やマネジャー、人事担当の方々、生産性に関する貴重な資料を提供していただいた日本生産性本部の木内康裕氏に心より御礼申しあげる。

最後に、本書刊行にご尽力をいただいた筑摩書房の山野浩一社長、永田士郎氏に感謝の意を表したい。

二〇一七年八月

太田　肇

引用文献（本文中に記載した新聞記事や調査報告書等を除く）

今井正明『カイゼン』講談社、一九八八年。

太田肇『ベンチャー企業の「仕事」』中央公論新社、二〇〇一年。

同『個人を幸福にしない日本の組織』新潮社、二〇一六年。

同『なぜ日本企業は勝てなくなったのか　個を活かす「分化」の組織論』新潮社、二〇一七年。

加護野忠男『組織認識論』千倉書房、一九八八年。

D・ガードナー（田淵健太訳）『リスクにあなたは騙される』早川書房、二〇〇九年。

末松千尋『会議の9割はムダ』PHP研究所、二〇一六年。

谷川寿郎「日本的経営に関する一考察――内部昇進制を中心として」『立教ビジネスデザイン研究』第一二号、二〇一五年。

F・W・テーラー（上野陽一訳編）『科学的管理法』産業能率短期大学出版部、一九六五年。

中根千枝『タテ社会の人間関係』講談社、一九六七年。

仲村和代『ルポ　コールセンター』朝日新聞出版、二〇一五年。

A・O・ハーシュマン（三浦隆之訳）『組織社会の論理構造』ミネルヴァ書房、一九七五年。

濱口桂一郎『働く女子の運命』文藝春秋、二〇一五年。

R・T・マーフィー『日本　呪縛の構図』下巻、早川書房、二〇一五年。

松丘啓司『人事評価はもういらない』ファーストプレス、二〇一六年。

山本勲・黒田祥子『労働時間の経済分析』日本経済新聞出版社、二〇一四年。

同「雇用の流動性は企業業績を高めるのか：企業パネルデータを用いた検証」独立行政法人経済産業研究所　ディスカッション・ペーパー、二〇一六年一二月。

吉村典久『会社を支配するのは誰か』講談社、二〇一二年。
M. Mankins, "This Weekly Meeting Took Up 300,000 Hours a Year," *Harvard Business Review*, April 29, 2014.

ちくま新書
1283

ムダな仕事《しごと》が多《おお》い職場《しょくば》

二〇一七年一〇月一〇日　第一刷発行

著　者　太田肇（おおた・はじめ）

発行者　山野浩一

発行所　株式会社　筑摩書房
東京都台東区蔵前二-五-三　郵便番号一一一-八七五五
振替〇〇一六〇-八-四一二三

装幀者　間村俊一

印刷・製本　三松堂印刷　株式会社

本書をコピー、スキャニング等の方法により無許諾で複製することは、法令に規定された場合を除いて禁止されています。請負業者等の第三者によるデジタル化は一切認められていませんので、ご注意ください。

乱丁・落丁本の場合は、左記宛にご送付ください。
送料小社負担でお取り替えいたします。
ご注文・お問い合わせも左記へお願いいたします。
〒三三一-八五〇七　さいたま市北区櫛引町二-六〇四
筑摩書房サービスセンター　電話〇四八-六五一-〇〇五三

© OHTA Hajime 2017　Printed in Japan

ISBN978-4-480-06988-7 C0234

ちくま新書

ちくま新書

512 **日本経済を学ぶ** 岩田規久男
この先の日本経済をどう見ればよいのか？　戦後高度成長期から平成の「失われた一〇年」までを学びなおし、さまざまな課題をきちんと捉える、最新で最良の入門書。

516 **金融史がわかれば世界がわかる**
――「金融力」とは何か
倉都康行
マネーに翻弄され続けてきた近現代。その変遷を捉え直し、世界の金融取引がどのように発展してきたかを整理しながら、「国際金融のいま」を歴史の中で位置づける。

565 **使える！　確率的思考** 小島寛之
この世は半歩先さえ不確かだ。上手に生きるには、可能性を見積もり適切な行動を選択する力が欠かせない。確率のテクニックを駆使して賢く判断する思考法を伝授！

581 **会社の値段** 森生明
会社を「正しく」売り買いすることは、健全な世の中を作るための最良のツールである。「M&A」から「株式投資」まで、新時代の教養をイチから丁寧に解説する。

582 **ウェブ進化論**
――本当の大変化はこれから始まる
梅田望夫
グーグルが象徴する技術革新とブログ人口の急増により、知の再編と経済の劇的な転換が始まった。知らないではすまされない、コストゼロが生む脅威の世界の全体像。

619 **経営戦略を問いなおす** 三品和広
戦略と戦術を混同する企業が少なくない。見せかけの「戦略」は企業を危うくする。現実のデータと事例を数多く紹介し、腹の底からわかる「実践的戦略」を伝授する。

628 **ダメな議論**
――論理思考で見抜く
飯田泰之
国民的「常識」の中にも、根拠のない〝ダメ議論〟が紛れ込んでいる。そうした、人をその気にさせる怪しい議論をどう見抜くか。その方法を分かりやすく伝授する。

ちくま新書

831
現代の金融入門【新版】
池尾和人
情報とは何か。信用はいかに創り出されるのか。金融の本質に鋭く切り込みつつ、平明かつ簡潔に解説した定評ある入門書。金融危機の経験を総括した全面改訂版。

837
入門　経済学の歴史
根井雅弘
偉大な経済学者たちは時代の課題とどう向き合い、それぞれの理論を構築したのか。主要テーマ別に学説史を描くことで読者の有機的な理解を促進する決定版テキスト。

842
組織力
――宿す、紡ぐ、磨く、繋ぐ
高橋伸夫
経営の難局を打開するためには、〈組織力〉を宿し、紡ぎ、磨き、繋ぐことが必要だ。新入社員から役員まで、組織人なら知っておいて損はない組織論の世界。

851
競争の作法
――いかに働き、投資するか
齊藤誠
なぜ経済成長が幸福に結びつかないのか？　標準的な経済学の考え方にもとづき、確かな手触りのある幸福を築く道筋を考える。まったく新しい「市場主義宣言」の書。

857
日本経済のウソ
髙橋洋一
円高、デフレ、雇用崩壊――日本経済の沈下が止まらない。この不況の時代をどう見通すか？　大恐慌から現代まで、不況の原因を検証し、日本経済の真実を明かす！

869
35歳までに読むキャリア《しごとえらび》の教科書
――就・転職の絶対原則を知る
渡邉正裕
会社にしがみついていても、なんとかなる時代ではなくなった。どうすれば自分の市場価値を高めて、望む仕事に就くことができるのか？　迷える若者のための一冊。

871
電子書籍の時代は本当に来るのか
歌田明弘
電子書籍は一時のブームを越え定着するのか？　そして紙のメディアは生き残れるのか？　「大変化」の本質を冷静にとらえ、ビジネス・モデルの成立する条件を示す。

878
自分を守る経済学
徳川家広
日本経済の未来にはどんな光景が待ち受けているのか？　徳川宗家十九代目が、経済の仕組みと現在へ至る歴史を説きながら、身を守るためのヒントを提供する！

884
40歳からの知的生産術
谷岡一郎
マネジメントの極意とは？　時間管理・情報整理・知的生産の3ステップで、その極意を紹介。ファイル術からアウトプット戦略まで、成果をだすための秘訣がわかる。

894
使えるマキャベリ
――のし上がるための心理術
内藤誼人
マキャベリの思想は、自力で生き抜く技術である。これは現代の厳しい環境で働く私たちにも重要なスキルだ。仕事人として結果を出し、評価されるための実践講座。

902
日本農業の真実
生源寺眞一
わが国の農業は正念場を迎えている。いま大切なのは食と農の実態を冷静に問いなおすことだ。農業政策の第一人者が現状を分析し、近未来の日本農業を描き出す。

921
お買い物の経済心理学
――何が買い手を動かすのか
徳田賢二
我々がモノを買う現場は、買い手と売り手の思惑がぶつかり合う場所である。本書は、経済学の知見をもとに売買の原理を読み解き、読者を賢い買い方へと案内する。

926
公務員革命
――彼らの〈やる気〉が地域社会を変える
太田肇
地域社会が元気かどうかは、公務員の〝やる気〟にかかっている！　彼らをバッシングするのではなく、積極性を引き出し、官民一丸ですすめる地域再生を考える。

928
高校生にもわかる「お金」の話
内藤忍
お金は一生にいくら必要か？　お金の落とし穴って何だ？　AKB48、宝くじ、牛丼戦争など、身近な喩えでわかりやすく伝える、学校では教えない「お金の真実」。

ちくま新書

930
世代間格差
――人口減少社会を問いなおす
加藤久和
年金破綻、かさむ医療費、奪われる若者雇用――。年齢によって利害が生じる「世代間格差」は、いかに解消できるか？　問題点から処方箋まで、徹底的に検証する。

931
20代からのファイナンス入門
――お金がお金を生む仕組み
永野良佑
一見複雑に思える金融のメカニズム。しかし、基礎の考え方さえ押さえておけば、実はすべてが腑に落ちる仕方で理解できる。知識ゼロから読めるファイナンス入門。

959
円のゆくえを問いなおす
――実証的・歴史的にみた日本経済
片岡剛士
なぜデフレと円高は止まらないのか？　このまま日本経済は停滞したままなのか？　大恐慌から現代へいたる為替と経済政策の分析から、その真実をときあかす。

962
通貨を考える
中北徹
「円高はなぜ続くのか」「ユーロ危機はなぜくすぶり続けるのか」。こうした議論の補助線として「財政」と「決済」に光をあて、全く新しい観点から国際金融を問いなおす。

965
東電国有化の罠
町田徹
国民に負担を押し付けるために東京電力は延命させられた！　その裏には政府・官僚・銀行の水面下での駆け引きがあった。マスコミが報じない隠蔽された真実に迫る。

973
本当の経済の話をしよう
若田部昌澄
栗原裕一郎
難解に見える経済学も、整理すれば実は簡単。わかりやすさで定評のある経済学者・若田部昌澄に、気鋭の評論家・栗原裕一郎が挑む、新しいタイプの対話式入門書。

976
理想の上司は、なぜ苦しいのか
――管理職の壁を越えるための教科書
樋口弘和
いい上司をめざすほど辛くなるのはなぜだろう。頑張るほど疲弊してしまう現代の管理職。では、その苦労の理由とは。壁を乗り越え、マネジメント力を上げる秘訣！

977
現代《ヒュンダイ》がトヨタを越えるとき
――韓国に駆逐される日本企業
小林英夫
金英善《キム・エイゼン》

ものづくりの雄、トヨタ。その栄華はピークを過ぎたのか？ 日韓企業のあいだで起きている大変化を検証しながら、日本企業が弱体化した理由と再生への道筋を探る。

991
増税時代
――われわれは、どう向き合うべきか
石弘光

無策な政治により拡大した財政赤字を解消し、社会保障制度を破綻させないためにはどうしたらよいのか？ 国民生活の質の面から公平性を軸に税財制を考える一冊。

1006
高校生からの経済データ入門
吉本佳生

データの収集、蓄積、作成、分析。数字で考える「頭」は、情報技術では絶対に買えません。高校生でも、そして大人でも、分析の技法を基礎の基礎から学べます。

1011
チャイニーズ・ドリーム
――大衆資本主義が世界を変える
丸川知雄

日本企業はなぜ中国企業に苦戦するのか。その秘密は、カネも技術もなくても起業に挑戦する普通の庶民のハングリー精神と、彼らが生み出すイノベーションにある！

1015
日本型雇用の真実
石水喜夫

雇用流動化論は欺瞞である。日本型雇用は終わっていない。労働力を商品と見て、競争を煽ってきた旧来の労働経済学を徹底批判。働く人本位の経済体制を構想する。

1023
日本銀行
翁邦雄

アベノミクスで脱デフレに向けて舵を切った日銀は、本当に金融システムを安定させられるのか。金融政策の第一人者が、日銀の歴史と多難な現状を詳しく解説する。

1032
マーケットデザイン
――最先端の実用的な経済学
坂井豊貴

腎臓移植、就活でのマッチング、婚活パーティー!? お金で解決できないこれらの問題を解消する画期的な思考を解説する。経済学が苦手な人でも読む価値あり！

ちくま新書

1040
TVディレクターの演出術
——物事の魅力を引き出す方法
高橋弘樹
制約だらけのテレビ東京ではアイディアが命。「TVチャンピオン」「ジョージ・ポットマンの平成史」などのディレクターによる、調べる・伝える・みせるテクニック。

1042
若者を見殺しにする日本経済
原田泰
社会保障ばかり充実させ、若者を犠牲にしている日本経済に未来はない。若年層が積極的に活動し、失敗しても取り返せる活力ある社会につくり直すための経済改革論。

1046
40歳からの会社に頼らない働き方
柳川範之
誰もが将来に不安を抱える激動の時代を生き抜くには、どうするべきか？「40歳定年制」で話題の経済学者が、新しい「複線型」の働き方を提案する。

1054
農業問題
——TPP後、農政はこう変わる
本間正義
戦後長らく続いた農業の仕組みが、いま大きく変わろうとしている。第一人者がコメ、農地、農協の問題を分析し、TPP後を見据えて日本農業の未来を明快に描く。

1056
なぜ、あの人の頼みは聞いてしまうのか？
——仕事に使える言語学
堀田秀吾
頼みごと、メール、人間関係、キャッチコピーなど、仕事の多くは「ことば」が鍵！ 気鋭の言語学者が、ことばの秘密を解き明かし、仕事への活用法を伝授する。

1058
定年後の起業術
津田倫男
人生経験豊かなシニアこそ、起業すべきである——第二の人生を生き甲斐のあふれる実り豊かなものにしたいあなたに、プロが教える、失敗しない起業のコツと考え方。

1061
青木昌彦の経済学入門
——制度論の地平を拡げる
青木昌彦
社会の均衡はいかに可能なのか？ 現代の経済学を主導した碩学の知性を一望し、歴史的な連続／不連続性のなかで、ひとつの社会を支えている「制度」を捉えなおす。

1065
中小企業の底力
――成功する「現場」の秘密
中沢孝夫
国内外で活躍する日本の中小企業。その強さの源は何か？　独自の技術、組織のつくり方、人材育成……。多くの現場取材をもとに、成功の秘密を解明する一冊。

1069
金融史の真実
――資本システムの一〇〇〇年
倉都康行
懸命に回避を試みても、リスク計算が狂い始めるとき、金融危機は繰り返し起こる。「資本システム」の歴史を概観しながら、その脆弱性と問題点の行方を探る。

1092
戦略思考ワークブック【ビジネス篇】
三谷宏治
Ｓｕｉｃａ自販機はなぜ１・５倍も売れるのか？　１着25万円のスーツをどう売るか？　20の演習で、明日から使える戦略思考が身につくビジネスパーソン必読の一冊。

1128
若手社員が育たない。
――「ゆとり世代」以降の人材育成論
豊田義博
まじめで優秀、なのに成長しない。そんな若手社員が増加している。本書は、彼らの世代的特徴、職場環境、大学での経験などを考察し、成長させる方法を提案する。

1130
40代からのお金の教科書
栗本大介
子どもの教育費、住宅ローン、介護費用、老後の準備、相続トラブル。取り返しのつかないハメに陥らないために、「これだけは知っておきたいお金の話」を解説。

1138
ルポ 過労社会
――八時間労働は岩盤規制か
中澤誠
長時間労働が横行しているのに、さらなる規制緩和は必要なのか？　雇用社会の死角をリポートし、「働きすぎの日本人」の実態を問う。佐々木俊尚氏、今野晴貴氏推薦。

1166
ものづくりの反撃
中沢孝夫
藤本隆宏
新宅純二郎
「インダストリー4.0」「ＩｏＴ」などを批判的に検証し、日本の製造業の潜在力を分析。現場で思考をつづけてきた経済学者が、日本経済の夜明けを大いに語りあう。

ちくま新書

1175
30代からの仕事に使える「お金」の考え方
児玉尚彦
上野一也
あなたは仕事できちんと「お金」を稼げていますか？ビジネス現場で最も必要とされる「お金で考えるスキル」を身につけて、先が見えない社会をサバイブしろ！

1179
日本でいちばん社員のやる気が上がる会社
――家族も喜ぶ福利厚生100
坂本光司&坂本光司研究室
全国の企業1000社にアンケートをし、社員と家族を幸せにしている100の福利厚生事例と、業績にも確実によい効果が出ているという分析結果を紹介する。

1188
即効マネジメント
――部下をコントロールする黄金原則
海老原嗣生
自分の直感と経験だけで人を動かすのには限界がある。マネジメントの基礎理論を学べば、誰でもいい上司になれる。人事のプロが教える、やる気を持続させるコツ。

1189
恥をかかないスピーチ力
齋藤孝
自己紹介や、結婚式、送別会など人前で話す機会は意外と多い。そんな時のためのスピーチやコメントのコツと心構えを教えます。これさえ読んでいれば安心できる。

1197
やってはいけない！職場の作法
――コミュニケーション・マナーから考える
高城幸司
雑談力、社内ヒエラルキーへの対処、ツールの使い分け、会議の掟、お詫びの鉄則など、社内に溶け込み、存在感を示していくためのコミュニケーションの基本！

1228
「ココロ」の経済学
――行動経済学から読み解く人間のふしぎ
依田高典
なぜ賢いはずの人間が失敗をするのか？　自明視されてきた人間の合理性を疑い、経済学、心理学、脳科学の最新知見から、矛盾に満ちた人間のココロを解明する。

1232
マーケティングに強くなる
恩蔵直人
「発想力」を武器にしろ！　ビジネスの新潮流を読み解き、現場で考え抜くためのヒントを示す。仕事に活かせる実践知を授ける、ビジネスパーソン必読の一冊。

ちくま新書

1260
金融史がわかれば世界がわかる【新版】
――「金融力」とは何か
倉都康行
金融取引の相関を網羅的かつ歴史的にとらえ、資本主義がどのように発展してきたかを観察。旧版を大幅に改訂し、実務的な視点から今後の国際金融を展望する。

1268
地域の力を引き出す企業
――グローバル・ニッチトップ企業が示す未来
細谷祐二
地方では、ニッチな分野で世界の頂点に立つ「GNT」企業の存在感が高まっている。その実態を紹介し、国や自治体の支援方法を探る。日本を救うヒントがここに！

1270
仕事人生のリセットボタン
――転機のレッスン
為末大
中原淳
これまでと同じように仕事をしていて大丈夫？　右肩上がりではなくなった今後を生きていくために、自分の生き方を振り返り、明日からちょっと変わるための一冊。

1274
日本人と資本主義の精神
田中修
日本経済の中心で働き続けてきた著者が、日本人の精神から、日本型資本主義の誕生、歩み、衰退の流れを様々な資料から丹念に解き明かす。再構築には何が必要か？

1275
ゆとり世代はなぜ転職をくり返すのか？
――キャリア思考と自己責任の罠
福島創太
いま、若者の転職が増えている。本書ではゆとり世代の若者たちに綿密なインタビューを実施し、分析。また、彼らをさらなる転職へと煽る社会構造をあぶり出す！

1276
経済学講義
飯田泰之
ミクロ経済学、マクロ経済学、計量経済学の主要3分野をざっくり学べるガイドブック。体系を理解して、大学で教わる経済学エッセンスをつかみとろう！

1277
消費大陸アジア
――巨大市場を読みとく
川端基夫
中国、台湾、タイ、インドネシア……いま盛り上がるアジア各国の市場や消費者の特徴・ポイントを豊富な実例で解説する。成功する商品・企業は何が違うのか？